Henry David Thoreau

Vom Glück, in der Natur zu sein

Henry David Thoreau

Vom Glück, in der Natur zu sein

Aus dem amerikanischen Englisch
von Wilhelm Robbe

Anaconda

Die hier ausgewählten Texte entstammen dem Band
Henry D. Thoreau: *Walden oder Leben in den Wäldern.*
Jena und Leipzig: Eugen Diederichs 1905.
Sie wurden behutsam überarbeitet und den Regeln der neuen deutschen Rechtschreibung angepasst. Die Anmerkungen sind der genannten Ausgabe entnommen und stammen vom Übersetzer.

Die Deutsche Nationalbibliothek verzeichnet diese Publikation in der Deutschen Nationalbibliografie; detaillierte bibliografische Daten sind im Internet unter http://dnb.d-nb.de abrufbar.

Umschlagmotiv: iStockphoto.com / Jens Carsten Rosemann (Hintergrund). – iStockphoto.com / Robin Harley (Libelle)
Umschlaggestaltung: Druckfrei. Dagmar Herrmann, Köln
Satz und Layout: Andreas Paqué, www.paque.de
Printed in Czech Republic 2012
ISBN 978-3-86647-842-8
www.anacondaverlag.de
info@anacondaverlag.de

INHALT

SPARSAMKEIT

Als ich die folgenden Seiten oder vielmehr den größten Teil derselben schrieb, lebte ich allein im Wald, eine Meile weit von jedem Nachbarn entfernt, in einem Haus, das ich selbst am Ufer des Waldenteichs in Concord, Massachusetts, erbaut hatte, und erwarb meinen Lebensunterhalt einzig durch meiner Hände Arbeit. Ich lebte dort zwei Jahre und zwei Monate. Jetzt nehme ich wieder am zivilisierten Leben teil.

Ich würde meine Angelegenheiten nicht so sehr der Kenntnis meiner Leser aufdrängen, wenn nicht meine Mitbürger solch genaue Erkundigungen über meine Lebensweise eingezogen hätten, dass mancher ihr Vorgehen wohl als unerträglich bezeichnen würde, während ich es, in Anbetracht der obwaltenden Verhältnisse, als sehr erklärlich und gar leicht erträglich empfand. Die einen fragten, was ich gegessen, ob ich mich einsam gefühlt oder Furcht gehabt habe usw. Andere hätten gern gewusst, welcher Teil meines Einkommens von mir zu Wohltätigkeitszwecken bestimmt gewesen sei, und wieder andere, die große Familien hatten, wollten wissen, wie viel arme Kinder ich unterstützte. Ich bitte deshalb diejenigen meiner Leser, die kein besonderes Interesse für mich fühlen, um Verzeihung, wenn ich es wage, einige dieser Fragen in diesem Buch zu beantworten. In den meisten Büchern sucht man das »Ich«, die erste Person, zu vermeiden. Hier will ich sie beibehalten. Das ist, was den Egoismus anbetrifft, der einzige Unterschied. Meistens vergessen wir, dass es doch nur die erste Person ist, die redet. Ich würde nicht so viel über mich selber sprechen, wenn es einen anderen Menschen gäbe, den ich geradeso gut kennen würde. Leider bin ich durch den engen Kreis meiner Erfahrungen auf dieses Thema beschränkt. Überdies verlange ich für meine Person von jedem Schriftsteller als Vorrede oder als Schlusswort einen einfachen und ehrlichen Bericht über sein Leben und nicht bloß das, was er über anderer Menschen Leben hörte. Einen Bericht, wie er ihn etwa aus fernem Land an seine Verwandten schicken würde. Denn wenn er ehrlich und lauter gelebt hat, muss das in einem weit von mir entfernten Land gewesen sein. Vielleicht sind diese Zeilen hauptsächlich an arme Studenten gerichtet. Meine übrigen Leser müssen sich schon die Stellen, die ihnen genehm sind, aneignen. Ich hoffe zuversichtlich, dass niemand bei der Anprobe die Nähte des Rocks ausdehnt, denn der Rock kann dem, dem er passt, vielleicht gute Dienste leisten.

Ich möchte gern mancherlei sagen – nicht so viel über die Chinesen und Sandwichs-Insulaner als über Euch, die Ihr diese Zeilen lest und die Ihr in Neuengland leben sollt; etwas über Eure Zustände, hauptsächlich über Eure äußeren Zustände oder Verhältnisse in dieser Welt, in dieser Stadt, welcher Art sie sind, ob sie notwendigerweise so schlecht sein müssen, wie sie sind, oder ob sie nicht ebenso leicht verbessert werden könnten wie nicht. Ich bin kreuz und quer in Concord herumgewandert, und überall in den Läden, in den Büros und auf den Feldern gewann ich den Eindruck, dass die Bewohner auf tausendfache merkwürdige Weise für ihre Sünden büßten. Ich habe gehört, dass die Brahmanen sich der Hitze von vier Feuern aussetzen, ins Antlitz der Sonne schauen oder dass sie, den Kopf nach unten, über einem Feuer hängen, dass sie über ihre Schulter gen Himmel blicken, »bis es ihnen unmöglich wird, ihre natürliche Stellung wieder einzunehmen, während durch die Verdrehung des Halses nur Flüssigkeiten in den Magen gelangen können.« Ich habe gehört, dass sie ihr ganzes Leben angekettet an die Wurzel eines Baums verbringen oder dass sie wie Raupen kriechend ungeheure Reiche ausmessen oder mit einem Fuße auf der Spitze einer Säule stehen. Doch diese Äußerungen bewusster Neue sind kaum unglaublicher oder erstaunlicher als die Szenen, deren Zeuge ich täglich bin. Die zwölf Arbeiten des Herkules waren belanglos im Vergleich mit denen, die meine Nachbarn unternommen haben. Denn Herkules hatte nur zwölf Arbeiten zu verrichten, dann war er fertig. Ich konnte dagegen niemals beobachten, dass diese Menschen ein Ungeheuer erschlugen oder einfingen oder dass sie irgendeine Arbeit beendigten. Ihnen fehlte der Freund Iolaos, der mit glühendem Eisen den Hals der Hydra versengte. Darum wachsen, sobald ein Kopf zerschmettert ist, zwei neue nach.

Ich sehe junge Leute, meine Mitbürger, deren Unglück es ist, dass sie Bauernhöfe, Häuser, Scheunen, Vieh und Ackergerät geerbt haben. Denn solche Dinge sind leichter erworben als an den Mann gebracht. Es stände besser um sie, wären sie auf offener Weide geboren und von einer Wölfin gesäugt, denn dann würden sie mit klareren Augen erkennen, wo das wahre Feld ihrer Tätigkeit liegt. Wer hieß sie Sklaven des Bodens sein? Warum sollen sie ihre 60 Morgen Land verzehren, wenn ein Mensch doch nur dazu verdammt ist, sein Häufchen Schmutz zu essen? Warum sollen sie gleich nach der Geburt damit beginnen, ihr Grab zu graben? Sie sollen ein Menschendasein führen, sich dabei mit all diesen Dingen abplagen und so gut wie möglich vorwärtszukommen versuchen. Wie manche arme unsterbliche Seele kreuzte meinen Weg, fast erdrückt und erstickt unter ihrer Last! Sie kroch des Lebens Gleis hinab und plagte sich mit Ställen ab, die 75 zu 40 Fuß groß waren – mit Augiasställen, die niemals gereinigt wurden, mit hundert Morgen Land, Äckern, Wiesen, Weiden und Waldparzellen! Die Unbegüterten, die sich nicht mit solchen unnötigen, ererbten Fronen herumbalgen, haben genug zu tun, ein paar Kubikfuß Fleisch zu beherrschen und zu kultivieren.

Doch die Menschheit krankt an einem Irrtum. Der bessere Teil der Menschen ist bald als Dünger unter den Erdboden gepflügt. Das scheinbare Verhängnis – gewöhnlich Schicksal genannt – heißt sie, wie in einem alten Buch geschrieben steht, Schätze sammeln, welche die Motten und der Rost fressen und denen die Diebe nachgraben und stehlen. Ein Narrenleben haben sie geführt: Das wird ihnen am Abend ihres Daseins, vielleicht auch schon früher klar werden. Man erzählt, dass Deukalion und Pyrrha dadurch Menschen erzeugten, dass sie Steine über ihre Häupter hinter sich warfen:

Inde genus durum sumus, experiensque laborum
Et documenta damus qua simus origine nati.[1]

Raleighs wohlklingende Übersetzung dieser Worte lautet:

From thence our kind hard-hearted is,
enduring pain and care,
Approving that our bodies of a stony nature are.

So kann es gehen, wenn man einem faselnden Orakel blind gehorcht, Steine über seinen Kopf wirft und nicht sieht, wohin sie fallen.

Die meisten Menschen sind, selbst in diesem verhältnismäßig freien Land, aus reiner Unwissenheit und Verblendung so sehr durch die künstlichen Sorgen und die überflüssigen, groben Arbeiten des Lebens in Anspruch genommen, dass seine edleren Früchte nicht von ihnen gepflückt werden können. Ihre Finger sind durch übermäßige Arbeit zu plump geworden, sie zittern zu sehr bei solchem Beginnen. Tatsächlich hat der arbeitende Mensch Tag für Tag keine Zeit zur inneren Läuterung. Es ist ihm unmöglich, die menschlichen Beziehungen zu den Menschen zu unterhalten. Seine Arbeit würde auf dem Markte im Preise sinken. Er hat nur Zeit, eine Maschine zu sein. Wie kann der seiner Unwissenheit abhelfen – und das fordert doch seine geistige Weiterentwickelung –, der seine Kenntnisse so oft gebrauchen muss! Wir sollten ihn ab und zu aus eigenem Antrieb ernähren und kleiden, ihm eine Herzerquickung geben, bevor wir ein Urteil über ihn fällen. Die kostbarsten Eigenschaften unseres Wesens können, wie der Flaum der Früchte, nur durch die zarteste Behandlung erhalten bleiben. Doch wir behandeln weder uns selbst noch die anderen so zartfühlend.

Einige von Euch sind arm, das wissen wir alle. Einige von Euch haben schwer mit dem Leben zu kämpfen und schnappen, sozusagen, von Zeit zu Zeit nach Luft. Ich bezweifle nicht, dass einige Leser dieses Buches nicht imstande sind, alle die Mittagessen, die sie in Wirklichkeit verzehrten, oder die Kleider und Schuhe, die so schnell sich abnutzen oder schon abgetragen sind, zu bezahlen, dass sie nur deshalb bis hierher gelesen haben, weil sie geliehene oder gestohlene Zeit dazu verwendeten und somit ihre Gläubiger um eine Stunde betrogen. Für mich ist es eine nackte Tatsache, dass manche von Euch ein elendes und niedriges Dasein führen, denn meine Augen sind durch die Erfahrung geschärft. Alle Eure Versuche drehen sich darum, ins Geschäft hinein- oder aus Schulden herauszukommen, aus jenem uralten Moraste, den die Römer *aes alienum* nannten, eines anderen Kupfer, denn einige ihrer Münzen wurden aus Kupfer verfertigt. Ihr lebt, Ihr sterbt, Ihr werdet begraben durch das Kupfer eines anderen. Immer versprecht Ihr zu bezahlen, morgen zu bezahlen, und dabei sterbt Ihr heute – bankrott. Auf alle Arten versucht Ihr Euch bei anderen einzuschmeicheln, Kundschaft zu bekommen – nur vor Gesetzesübertretungen und Gefängnis hütet Ihr Euch. Ihr lügt, schmeichelt, wählt, kriecht mit Eurer Höflichkeit in ein Schneckenhaus hinein oder dehnt Euch zu einer Wolke seichter und dunstiger Großmut aus, um Euren Nachbarn zu bewegen, Euch seine Schuhe oder seinen Hut, seinen Anzug oder seinen Wagen machen zu lassen oder seinen Gewürzkram für ihn importieren zu dürfen. Ihr macht Euch krank, damit Ihr etwas für Eure kranken Tage zusammenspart, etwas, was man in einer alten Truhe oder in einem Strumpf hinter dem Wandbewurf oder, um noch sicherer zu gehen, bei einem Bankier versteckt – einerlei wo, einerlei wie viel oder wie wenig.

Ich wundere mich manchmal darüber, dass wir – ich möchte fast sagen – so frivol sein können, uns um die schmutzige, aber etwas ferner liegende Form der Sklaverei, um die sogenannte Negersklaverei zu kümmern. Gibt es doch viele schlaue und findige Sklavenhalter geradeso gut im Norden wie im Süden. Es ist hart, einem südlichen, härter, einem nördlichen Sklavenaufseher zu unterstehen. Am schlimmsten aber ist es um den bestellt, der sein eigener Sklaventreiber ist. Da schwätzt man vom Göttlichen im Menschen! Schaut Euch den

Fuhrmann auf der Landstraße an, der zu Markte fährt bei Tag oder bei Nacht. Offenbart sich in ihm die Gottheit? Seine höchste Pflicht heißt: Füttere und tränke deine Pferde! Was gilt ihm mehr – sein Schicksal oder der Frachtverkehr? Fährt er nicht für Herrn »Nimmerrast«? Inwiefern ist er gottähnlich, inwiefern unsterblich? Seht nur, wie er sich bückt und kriecht, wie er sich planlos den lieben langen Tag quält, er, der weder unsterblich noch göttlich ist, sondern nur der Gefangene und Sklave des Bildes, das er von sich selbst entwarf und das auf seinen Taten fußt. Die öffentliche Meinung ist ein schwacher Tyrann im Vergleich zu unserer eigenen Privatmeinung. Was ein Mensch von sich selbst denkt, das ist es, wodurch sein Schicksal bestimmt oder vielmehr prophezeit wird. Wo ist der Wilberforce[2], der es vermag, selbst in den westindischen Gebieten einer launenhaften Phantasie Selbstbefreiung durchzusetzen? Man möge ferner an die Damen des Landes denken, die bis zum letzten Tag Toilettenkissen sticken, nur um kein allzu lebhaftes Interesse an ihrem Schicksal zu verraten! Als ob es möglich wäre, die Zeit totzuschlagen, ohne die Ewigkeit zu verletzen.

Die Mehrzahl der Menschen verbringt ihr Leben in stiller Verzweiflung. Was wir »Resignation« nennen, ist absolute Verzweiflung. Von der verzweifelten Stadt zieht man aufs verzweifelte Land hinaus. Dort tröstet man sich mit der Tapferkeit der Sumpfotter und der Moschusratte. Eine stereotype, wenn auch unbewusste Verzweiflung ist selbst hinter den sogenannten Vergnügungen und Unterhaltungen der Menschheit verborgen. Da kann von Vergnügen nicht die Rede sein, denn das kommt nach der Arbeit. Für den Weisen ist es charakteristisch, dass er nichts Verzweifeltes unternimmt.

Wenn wir uns überlegen, was (um die Worte des Katechismus zu gebrauchen) die Hauptbestimmung des Menschen ist und worin die notwendigen Lebensbedürfnisse wirklich bestehen, scheint es, als ob die Menschen nach reifer Überlegung die ordinäre Art zu leben gewählt hätten, weil sie ihr vor jeder anderen den Vorzug geben. Sie glauben allen Ernstes, keine Wahl zu haben. Frische und gesunde Naturen erinnern sich dagegen, dass die Sonne klar aufging. Es ist niemals zu spät, unsere Vorurteile aufzugeben. Auf keine Folge von Gedanken oder Taten, einerlei, wie alt, kann man sich ohne Prüfung verlassen. Was jedermann nachbetet oder mit Stillschweigen als wahr dahingehen lässt, kann morgen als falsch sich erweisen – als bloßer Ansichtsdunst, den manche für eine Wolke hielten, die befruchtenden Regen auf ihre Felder ergießen würde. Was alte Leute für unausführbar halten, wir versuchen es, wir finden, dass es ausgeführt werden kann. Alte Taten für alte Leute, neue Taten für die neuen! Einst genügte das Wissen unserer Ahnen nicht, um Brennmaterial zum Unterhalten des Feuers zu sammeln. Die Menschen von heute legen ein wenig trockenes Reisig unter einen Kessel und sausen um den Erdball so schnell wie die Vögel. Den Alten würde dabei, wie man sagt, angst und bange werden. Das Alter ist nicht besser, ja kaum so gut zum Lehrmeister geeignet als die Jugend. Denn es hat nicht so viel gewonnen, als es verlor. Man kann mit Recht bezweifeln, ob der weiseste Mensch irgendetwas von absolutem Wert durch das Leben gelernt hat.

In Wirklichkeit vermögen die Alten der Jugend keinen wertvollen Rat zu geben. Ihre eigenen Erfahrungen sind Stückwerk geblieben, ihr Leben ist – aus persönlichen Gründen, wie sie natürlich glauben – ein solch kläglicher Misserfolg gewesen. Und doch ist es möglich, dass sie noch etwas Selbstvertrauen übrig haben, welches diese Erfahrung Lügen straft. Sie sind ja nur weniger jung, als sie gewesen sind. Ich habe einige dreißig Jahre auf diesem Planeten zugebracht, und doch habe ich bislang noch nicht die erste Silbe eines wertvollen oder selbst ernsthaften Ratschlags von meinen älteren Mitmenschen gehört. Sie haben mir nichts Zweckentsprechendes gesagt, sind dazu auch wahrscheinlich nicht imstande. Hier ist das Leben – ein im Wesentlichen von mir noch nicht versuchtes Experiment. Dass sie es versuchten, nützt mir nichts. Zu irgendeiner Erfahrung, die ich für wertvoll halte, haben meine Ratgeber, nach meiner Überzeugung, nichts zu sagen gehabt.

Ein Farmer erklärte mir: »Sie können nicht von Pflanzenkost allein leben, denn sie trägt nichts zur Knochenbildung bei.« Darum widmet er gläubig einen Teil des Tages der Versorgung seines Körpers mit dem Rohmaterial für Knochen. Und während er, fortwährend sprechend, hinter seinen Ochsen hergeht, wird er von ihnen und ihren durch Vegetabilien genährten Knochen mit seinem schwankenden Pflug über alle Hindernisse hin und her gezerrt. Manche Dinge sind für gewisse Kreise wirklich Lebensbedürfnisse, und zwar für die Hilflosen und Kranken, während sie für andere bloß Luxusgegenstände und wieder anderen völlig unbekannt sind. Es gibt Leute, die da glauben, das ganze Gebiet des Menschenlebens sei bereits von ihren Vorfahren in allen Höhen und Tiefen durchforscht, alle Dinge seien bereits besorgt. Nach Evelyn[3] gab der Weise Salomo sogar für die Entfernung der Bäume voneinander Vorschriften. Die römischen Prätoren bestimmten, wie oft man, ohne die Gerechtsame zu verletzen, seines Nachbars Grund betreten dürfe, um die abgefallenen Eicheln aufzulesen, und wie viel davon dem Nachbarn gebühre. Hippokrates hat uns sogar Anweisungen hinterlassen, wie wir unsere Nägel schneiden sollen: nämlich in gleicher Höhe mit den Fingerspitzen, weder kürzer noch länger. Ohne Zweifel sind gerade Lebensüberdruss und Langeweile, die voraussetzen, dass alle Abwechslung und Freude im Leben ausgekostet ist, alt wie Adam. Doch der Menschen Fähigkeiten hat man noch nicht ausgemessen. Wir können auch nach dem, was bislang geschehen ist, auf das, was geschehen kann, nicht schließen, so wenig ist noch versucht worden. Wo auch immer Du bisher erfolglos gewesen bist: Sei nicht bekümmert, mein Kind, denn wer soll Dich für das, was Du nicht vollbracht hast, verantwortlich machen?

Wir können unser Leben an tausend einfachen Dingen erproben, zum Beispiel daran, dass die gleiche Sonne meine Bohnen reift und zugleich ein ganzes System von Weltkörpern wie unsere Erde beleuchtet. Wenn ich daran gedacht hätte, wären einige Irrtümer vermieden worden. Solche Erleuchtung besaß ich nicht, als ich Bohnen hackte! Wie wunderbar sind die Dreiecke, deren Spitzen von Sternen gebildet werden! Wie verschieden, wie weit voneinander entfernt sind in des Weltalls mannigfachen Wohnungen die Geschöpfe, die sie zu gleicher Zeit betrachten! Die Natur und das menschliche Leben sind so wandelbar wie unsere Konstitution. Wer vermag zu sagen, welche Aussicht das Leben einem anderen bietet? Wäre es nicht das größte aller Wunder, wenn der eine für einen Augenblick mit den Augen der anderen sähe? In einer Stunde würden wir in allen Äonen der Welt, ja in allen Welten der Äonen leben! Geschichte, Poesie, Mythologie! – Ich habe über die Erfahrung anderer nichts gelesen, was so staunenswert und lehrreich wäre.

Im Herzensgrund glaube ich, dass der größere Teil von dem, was meine Nachbarn für klug halten, schlecht ist, und wenn ich irgendetwas bereue, ist es aller Wahrscheinlichkeit nach mein anständiger Lebenswandel. Was für ein Dämon beherrschte mich, dass ich mich so gut betragen habe? Sprich Deiner Weisheit Inbegriff aus, Du alter Mann, der Du siebzig Jahre, nicht ohne in Ehren grau zu werden, gelebt hast – ich höre eine unwiderstehliche Stimme, die mich von alldem fortlockt. Eine Generation verlässt die Unternehmungen der anderen wie gestrandete Schiffe.

Ich glaube, dass wir unbeschadet viel mehr Vertrauen haben könnten, als wir zeigen. Wir sollten uns selbst geradeso viel Sorgfalt widmen, als wir ehrlich anderen schenken. Die Natur passt sich ebenso gut unserer Schwäche wie unserer Stärke an. Die unaufhörliche Angst und Anstrengung mancher Menschen ist eine nahezu unheilbare Krankheit. Wir pflegen die Wichtigkeit unserer Werke zu überschätzen! Und doch: Wie viele Dinge geschehen ohne unser Zutun! Und wenn wir nun gar krank würden? Wie genau wir da achtgeben, fest entschlossen uns nicht auf unseren Glauben zu verlassen, wenn wir es vermeiden können. Den ganzen Tag sind wir auf unserer Hut, abends sprechen wir unwillig unser Nachtgebet und ergeben uns dem Ungewissen. So sehr hängen wir mit allen Fasern am Leben, dass wir es anbeten und die Möglichkeit eines Wechsels leugnen. Das ist der einzig richtige Weg, sagen wir. Und doch gibt es so viele Wege, als wir Radien von einem Mittelpunkt aus ziehen können. Jede Veränderung macht den Eindruck eines Wunders. Doch solch Wunder vollzieht sich in jedem Augenblick. Konfuzius hat gesagt: »Zu wissen, dass wir wissen, was wir wissen, und dass wir nicht wissen, was wir nicht wissen, das ist das wahre Wissen.« Sobald nur ein Mensch ein Ergebnis seiner Phantasie auf ein Ergebnis seines Intellekts zurückgeführt hat, werden alle Menschen ihr Leben auf dieser Basis aufbauen. Ich sehe das voraus. Wir wollen einen Augenblick überlegen, um was sich die erwähnte Müh' und Sorge dreht und inwieweit es notwendig ist, uns zu mühen oder wenigstens uns zu sorgen. Es wäre recht nützlich, bedürfnislos, wenn auch inmitten äußerlicher Zivilisation, ein Grenzerleben zu führen, bloß um die gröberen Lebensbedürfnisse und die Methode ihrer Gewinnung kennenzulernen. Man könnte auch die alten Geschäftsbücher der Kaufleute durchblättern, um zu sehen, was die Menschen am meisten kauften, was vorrätig gehalten wurde, d. h., welche Waren am wichtigsten sind. Denn der Fortschritt im Laufe der Jahrhunderte hat nur geringen Einfluss auf die Grundgesetze der menschlichen Existenz gehabt. Sind doch auch unsere Skelette wahrscheinlich von denen unserer Vorfahren nicht zu unterscheiden.

Mit dem Wort »Lebensbedürfnisse« meine ich alle Güter, die der Mensch durch seine eigene Arbeit erwirbt, die von Anbeginn oder durch lange Gewohnheit so wichtig für das menschliche Leben geworden sind, dass nur einzelne, wenn überhaupt welche, sei es im Zustand der Wildheit, aus Armut oder aus Philosophie, je versuchten, ohne sie auszukommen. Viele Geschöpfe haben in diesem Sinne nur ein Lebensbedürfnis – Nahrung. Der Büffel in der Prärie findet sie in einigen Quadratzoll wohlschmeckenden Grases und in einem Trunk Wasser, falls er nicht des Waldes Schutz und des Berges Schatten aufsucht. Kein Tier der Schöpfung bedarf mehr als Nahrung und Unterschlupf. Die Lebensbedürfnisse der Menschen in unserem Klima kann man ziemlich erschöpfend unter folgenden Rubriken zusammenfassen: Nahrung, Obdach, Kleidung, Feuerung. Dann erst, wenn wir uns dieser Dinge versichert haben, sind wir vorbereitet, den wahren Problemen des Lebens in Freiheit und mit einiger Aussicht auf Erfolg nachzuforschen. Der Mensch hat nicht nur Häuser erfunden, sondern auch Kleidung und das Zubereiten der Nahrung. Und möglicherweise entstand durch die zufällige Entdeckung der Wärme des Feuers und durch die damit verbundene Nutzanwendung, die anfangs Luxus war, unser heutiges Bedürfnis, am Feuer zu sitzen. Wir können bei Katzen und Hunden das Annehmen derselben Gewohnheit beobachten. Durch zweckmäßige Wohnung und Kleidung bewahren wir vernünftigerweise unsere innere Wärme. Wenn wir aber mit diesen Dingen, gerade wie mit der Feuerung, nicht Maß halten, d. h., wenn die äußere Hitze größer ist als unsere Eigenwärme, gibt's da nicht ein Verbrühen?

Der Naturforscher Darwin erzählte folgende überraschende Beobachtung, die er bei den Feuerländern machte: Während er und seine Begleiter warm gekleidet nahe am Feuer gesessen hätten, ohne es auch nur im Geringsten zu warm zu finden, sei an den nackten Wilden, die weit vom Feuer entfernt standen, »ob solchen Röstens« der Schweiß in Strömen heruntergelaufen.

Auch wissen wir, dass der Neuholländer ungestraft nackt umherspaziert, während der Europäer in seinen Kleidern fröstelt. Ist es unmöglich, die Widerstandsfähigkeit dieser Wilden mit der Intelligenz der zivilisierten Menschen in Einklang zu bringen? Nach Liebig ist des Menschen Körper ein Ofen und Nahrung die Feuerung, die den inneren Verbrennungsprozess in der Lunge unterhält. Bei kaltem Wetter essen wir mehr, bei warmem weniger. Die animalische Wärme ist das Produkt einer langsamen Verbrennung, und Krankheit und Tod treten ein, wenn sie zu rasch vonstattengeht oder wenn aus Mangel an Feuerung oder an Sauerstoffzufuhr das Feuer erlischt. Natürlich kann die Lebenswärme nicht mit dem Feuer verglichen werden. – Doch genug von dieser Analogie. Es ergibt sich also aus dem soeben Gesagten, dass der Ausdruck »animalisches Leben« nahezu gleichbedeutend mit dem Ausdruck »animalische Wärme« ist. Und wie die Nahrung als Feuerung betrachtet werden kann, die unser inneres Feuer unterhält – und Feuerung nur dazu dient, diese Nahrung herzustellen oder unsere Körperwärme durch Zufuhr von außen zu erhöhen – so dienen Wohnung und Kleidung auch nur dazu, die also erzeugte und absorbierte Wärme festzuhalten.

Das Hauptbedürfnis für unseren Körper besteht also darin, warm zu bleiben, die Lebenswärme in ihm zu erhalten. Was für Mühen machen wir uns aber auch, nicht nur wegen unserer Nahrung, Kleidung und Wohnung, sondern auch wegen unserer Betten, die unsere Nachtkleider sind! Nest und Brust der Vögel berauben wir, um diese Wohnung in einer Wohnung herzurichten, gerade wie der Maulwurf, der sein Bett aus Gras und Blättern am Ende seines Gangs macht. Arme Menschen klagen gewöhnlich über diese kalte Welt; auf Kälte, physische sowohl wie soziale, führen wir unmittelbar einen großen Teil unserer Leiden zurück. In einigen Klimaten gestattet die Sommerzeit den Menschen eine Art paradiesisches Leben. Feuerung ist dann nicht notwendig außer zum Kochen. Die Sonne ist ihr Feuer, und manche Früchte sind genügend durch ihre Strahlen gekocht.

Die Nahrung wird abwechslungsreicher, ist leichter zu beschaffen. Kleidung aber und Wohnung sind ganz oder teilweise entbehrlich. Heutzutage sind in diesem Land – ich habe das an mir selbst erfahren – einige Werkzeuge, ein Messer, eine Axt, ein Spaten, eine Schubkarre usw., und für den Gelehrten Lampenlicht, Schreibmaterial und die Gelegenheit, einige Bücher zu benutzen, die nächstwichtigen Lebensbedürfnisse. All diese Dinge sind für billiges Geld zu haben. Doch einige Toren wandern auf die andere Seite des Erdballs in unkultivierte und ungesunde Gegenden, widmen sich zehn oder zwanzig Jahre lang dem Handel, damit sie leben, d. h. sich gemütlich warm halten können, und schließlich sterben sie in Neuengland. Die im üppigen Reichtum Lebenden sitzen jedoch nicht in behaglicher Wärme, sondern in unnatürlicher Hitze; ich sagte es schon: Sie werden gekocht, natürlich *à la mode.*

Fast jeder Luxus und viele der sogenannten Bequemlichkeiten des Lebens sind nicht nur absolut überflüssig, sondern geradezu Hindernisse für die fortschreitende Entwicklung des Menschengeschlechts. In Hinsicht auf Luxus und Bequemlichkeit haben die Weisesten immer ein einfacheres und armseligeres Leben geführt als die Armen. Niemals war jemand an weltlichen Gütern ärmer, an inneren Gütern reicher als die alten Philosophen in China, Indien, Persien und Griechenland. Wir wissen nicht viel über sie. Merkwürdig ist, dass wir überhaupt so viel über sie wissen. Dasselbe gilt von den neueren Reformatoren und Wohltätern ihrer Völker. Nur wer den freien Blick besitzt, den freiwillige Armut eröffnet, kann unparteiisch und weise das menschliche Leben betrachten. Ein luxuriöses Leben zeitigt Luxus, sei es im Ackerbau, im Handel, in der Literatur oder in der Kunst. Heutzutage gibt es Dozenten der Philosophie, aber keine Philosophie. Wie man einst trefflich sein Leben verbrachte, darüber hört man heute trefflich dozieren. Geistreiche Gedanken und selbst die Gründung einer Schule machen noch keinen Philosophen. Vielmehr muss man die Weisheit solchermaßen lieben, dass man nach ihren Vorschriften lebt, ein Leben der Einfachheit, Unabhängigkeit, der Großmut und des Vertrauens. Einige Probleme des Lebens sollen wir nicht nur theoretisch, sondern auch praktisch lösen. Der Erfolg großer Gelehrter und Denker ist häufig eine Art Höflingserfolg, kein königlicher, kein männlicher Erfolg. Mit ihrem Anpassungsvermögen schlagen sie sich kümmerlich durchs Leben, gerade wie auch ihre Väter. In keiner Hinsicht sind sie die Erzeuger einer edleren Menschenrasse. Doch warum degenerieren die Menschen stets? Warum sterben Familien aus? Wie muss der Luxus beschaffen sein, der Nationen entnervt und vernichtet? Sind wir sicher, dass nichts davon in unserem eigenen Leben vorhanden ist? Der Philosoph eilt seiner Zeit voraus, selbst in der äußeren Lebensform. Er unterscheidet sich durch seine Nahrung, Wohnung, Kleidung und durch sein Wärmebedürfnis von seinen Zeitgenossen. Wie kann man den Menschen einen Philosophen nennen, der keine besseren Methoden zur Erhaltung seiner Lebenswärme kennt als andere Leute?

Wenn ein Mensch durch die verschiedenen Methoden, die ich beschrieben habe, gewärmt ist, was hat er dann zunächst nötig? Sicherlich nicht noch mehr Wärme derselben Art, z. B. reichlichere und reichere Nahrung, größere und prächtigere Häuser, bessere und elegantere Kleider, zahlreichere, beständigere und wärmere Feuer usw. Wenn er die Dinge erlangt hat, die für das

Leben notwendig sind, ist es ihm anheimgestellt, sich um etwas anderes als um das Überflüssige zu bemühen, d. h., er kann sich jetzt, wo er niedriger Arbeit enthoben ist, an das Leben selbst wagen. Der Boden ist, wie es scheint, für die Saat geeignet, denn sie hat in der Tiefe Wurzel gefasst; so mag sie denn jetzt ihre Sprossen auch vertrauensvoll nach oben senden. Warum hat der Mensch seine Wurzeln so fest in die Erde geschlagen, wenn er nicht in demselben Maße in den Himmel dort oben wachsen will? Edlere Pflanzen beurteilt man nach ihren Früchten, die sie schließlich, frei vom Erdboden, in Luft und Licht erzeugen. Sie werden darum auch nicht wie die niederen Nährpflanzen behandelt, die, auch wenn sie zweijährig sind, nur so lange gepflegt werden, bis ihre Wurzel ausgewachsen ist und deren oberer Teil oftmals gerade zu diesem Zwecke ganz abgeschnitten wird, sodass die Menschen sie in ihrer Blütezeit gar nicht kennen würden.

Ich habe nicht die Absicht, starken und mutigen Naturen Vorschriften zu geben. Sie können ihre eigenen Angelegenheiten selbst erledigen, sei es im Himmel oder in der Hölle. Sie bauen vielleicht großartiger, verschwenden freigebiger als die Reichen und werden doch nie arm. Sie wissen selbst nicht, wie sie leben – vorausgesetzt, dass es überhaupt solche Menschen gibt. Man nimmt das ja an. Auch zu denen rede ich nicht, die Ermutigung und Begeisterung gerade in den gegenwärtigen Zuständen finden und sie mit der Innigkeit und mit dem Enthusiasmus Liebender hegen und pflegen; bis zu einem gewissen Grad gehöre ich selbst zu dieser Zahl. Auch wende ich mich nicht an diejenigen, welche sich, einerlei unter welchen Umständen, gut beschäftigen und die wissen, ob sie sich gut beschäftigen oder nicht.

Nur zu der Masse jener Menschen spreche ich, die unzufrieden sind, die sich vergeblich über die Härte ihres Schicksals oder der Zeiten beklagen, während sie beides verbessern könnten. Manche Leute stöhnen auf das Heftigste, sind untröstlich, weil sie, wie sie sagen, ihre Pflicht tun. Ich denke auch an die reiche und doch so unendlich arme Klasse jener Menschen, die Tand auf Tand häufen und nicht wissen, was sie damit tun, wie sie denselben loswerden können. Sie haben sich ihre eigenen goldenen oder silbernen Fesseln geschmiedet.

Wenn ich versuchen wollte zu schildern, wie ich in früheren Tagen mein Leben zu verbringen wünschte, würden wahrscheinlich diejenigen meiner Leser, die meinen wirklichen Lebenslauf kennen, überrascht sein. Diejenigen, die gar nichts davon wissen, würden einfach staunen. Ich will nur einige Unternehmungen, an denen ich meine Freude hatte, andeuten.

Bei jedem Wetter, zu jeder Tages- oder Nachtstunde versuchte ich den gegebenen Augenblick zu benutzen. Immer war ich bedacht, dort festen Fuß zu fassen, wo zwei Ewigkeiten – Vergangenheit und Zukunft – zusammentreffen, d. h. gerade im jeweiligen Augenblick. Gerade dort wich ich keinen Zoll. Mit einigen Unklarheiten muss der Leser schon Nachsicht haben, denn in meinem Handwerk gibt es mehr Geheimnisse als in den meisten anderen. Und doch werden diese nicht vorsätzlich gehütet, sondern die Natur der Sache bringt es mit sich. Ich würde mit Freuden alles, was ich darüber weiß, mitteilen und niemals an meine Tür schreiben: »Zutritt verboten«.

Vor langer Zeit verlor ich einen Jagdhund, ein rotbraunes Pferd und eine Turteltaube. Noch immer suche ich sie. Zahlreich sind die Wanderer, mit denen ich über die Verlorenen sprach, denen ich die Spuren beschrieben habe und die Rufe, auf die meine Tiere hörten. Ein paar Leute hatten das Bellen des Hundes, den Hufschlag des Pferdes vernommen, ja sie hatten auch die Taube gesehen, wie sie gerade hinter einer Wolke verschwand. Und sie waren so erpicht darauf, sie wieder einzusaugen, als ob sie selbst sie verloren hätten.

Es gilt, nicht nur dem Sonnenaufgang und der Morgendämmerung, nein, womöglich der Natur selbst zuvorzukommen! Wie oft bin ich in der Frühe, im Sommer wie im Winter, bevor noch irgendein Nachbar zur Arbeit sich anschickte, bei meiner Arbeit gewesen. Sicherlich haben mich manche meiner Mitbürger gesehen, wenn ich von meiner Beschäftigung zurückkehrte: Farmer, die im Zwielicht nach Boston wanderten, oder Holzhacker, die zur Arbeit gingen. Allerdings, ich half der Sonne nicht wesentlich beim Aufgehen, aber zweifellos war allein schon meine Anwesenheit bei diesem Ereignis von allerhöchster Wichtigkeit.

Wie viele Herbst- und Wintertage verlebte ich außerhalb der Stadt, um zu hören, was der Wind sagte, und dann das Gehörte als Eilgut weiterzutragen: Fast mein ganzes Vermögen steckte ich hinein und verlor obendrein meinen Atem bei dem Handel, wenn ich ihm entgegenstürmte. Hätte er von politischen Parteien erzählt, Ihr könnt Euch drauf verlassen, es hätte unter »Neueste Nachrichten« alsbald in der Zeitung gestanden. An anderen Tagen hielt ich von dem Observatorium eines Felsens oder eines Baumes aus Wache, um irgendeine ungewohnte Ankunft weiterzutelegrafieren, oder ich wartete abends auf den Gipfeln der Hügel darauf, dass der Himmel sich herniedersenke, damit ich ein Stückchen davon erwischen könne. Doch ich erwischte niemals viel, und selbst das zerschmolz wie Manna in der Sonne.

Lange Zeit war ich Berichterstatter bei einer nicht sehr weitverbreiteten Zeitung, deren Herausgeber sich bisher noch nicht bewogen fühlte, den größeren Teil meiner Beiträge zu drucken. So bezahlte sich, wie das bei Schriftstellern fast regelmäßig geschieht, meine Mühe nur durch meine Arbeit. In diesem Fall trug übrigens meine Mühe ihren Lohn schon in sich.

Lange Jahre hindurch war ich selbst angestellter Inspektor der Schneestürme und Regenschauer; ich tat getreulich meine Pflicht. Ich war auch Aufseher, zwar nicht der Landstraßen, aber der Waldpfade und Feldwege, die ich in allen Jahreszeiten gangbar erhielt. Auch Schluchten überbrückte ich, wenn die Fußstapfen des Publikums zu solch nützlichem Tun ermunterten.

Ich überwachte den Wildstand meiner Mitbürger, der einem pflichttreuen Hirten genug zu schaffen machte, weil das Gehege oft übersprungen wurde. Ich ließ meine Augen in die entlegenen Ecken und Winkel der Farm wandern. Zwar wusste ich nicht immer, ob Jonas oder Salomo auf diesem oder jenem Acker heute arbeitete – das ging mich auch nichts an. Ich begoss die roten Heidelbeeren, die Sandkirschen und den Nesselbaum, die Rottanne und die Schwarzesche, den weißen Wein und das gelbe Veilchen, die vielleicht sonst in trockenen Jahreszeiten verdorrt wären.

Kurz, so trieb ich es eine lange Zeit. Ich kann, ohne zu prahlen, sagen, dass ich mein Amt pflichtgetreu versah. Allmählich aber erkannte ich mehr und mehr, dass meine lieben Mitbürger gar nicht daran dachten, mich in die Stadtverwaltung zu wählen oder mir eine Sinekure mit bescheidenem Gehalte zu geben. Meine Abrechnungen, deren Genauigkeit ich beschwören kann, wurden tatsächlich nie angesehen, geschweige denn anerkannt, selbstverständlich auch nie bezahlt oder »saldiert«.

Es ist noch nicht lange her, da kam ein herumziehender Indianer zu dem Haus eines in meiner Nachbarschaft wohlbekannten Rechtsanwalts, um Körbe zu verkaufen. »Wollen Sie Körbe kaufen?« fragte er. »Nein, wir haben keinen Bedarf«, war die Antwort. »Was«, rief der Indianer, als er zur Tür hinausging, »wollt Ihr uns vielleicht hungers sterben lassen?« Da er gesehen hatte, dass es seinen fleißigen, weißen Nachbarn gut ging, dass der Rechtsanwalt nur Argumente zu flechten brauchte, um Geld und eine gute Stellung zu erhalten, kam ihm der Gedanke: Ich werde auch ein Geschäft anfangen – ich werde Körbe flechten, das ist etwas, was ich fertigbringe. Er dachte, wenn er die Körbe hergestellt habe, sei seine Pflicht und Schuldigkeit getan; Pflicht und Schuldigkeit der Weißen sei es alsdann, seine Körbe zu kaufen. Daran hatte er überhaupt nicht gedacht, dass die anderen notwendigerweise sein Angebot auch des Ankaufs für wert halten oder hiervon wenigstens überzeugt werden müssten oder dass er etwas anderes herstellen könne, was anderen kaufenswert erschiene. Auch ich hatte eine Art Korb von feinem Geflecht angefertigt, aber niemand bemühte sich, ihn zu kaufen. Trotzdem glaubte ich, es sei lohnend, ihn zu weben. Aber anstatt zu versuchen, ihn den Leuten anzupreisen, überlegte ich vielmehr, wie ich der Notwendigkeit, ihn zu verkaufen, enthoben werden könnte. Es gibt nur eine Lebensweise, die von den Menschen gepriesen und als erfolgreich angesehen wird. Aber warum wollen wir von der einen so viel Aufhebens auf Kosten der anderen machen?

Als ich mir klar darüber wurde, dass meine lieben Mitbürger mir wahrscheinlich kein Büro im Rathaus, keine

Pfarre oder irgendeinen anderen Broterwerb anbieten würden, dass ich vielmehr mir selbst helfen müsse, wandte ich mein Augenmerk mehr denn je den Wäldern zu. Dort war ich besser bekannt. Ich beschloss, mein Geschäft sofort zu eröffnen, nicht zu warten, bis ich das übliche Kapital erworben habe, sondern die spärlichen Mittel, die ich bereits besaß, zu verwenden. Als ich zum »Waldenteich« zog, wollte ich dort weder billig noch teuer leben, sondern Privatgeschäfte möglichst ungehindert erledigen. Hätte ich mich durch Mangel an gesundem Menschenverstand, an Unternehmungsgeist oder Geschäftstalent davon abhalten lassen – es wäre eher töricht als bedauerlich gewesen.

Ich habe mich stets bemüht, strenge Geschäftsprinzipien zu erlernen. Sie sind für jedermann unumgänglich notwendig. Wer mit dem »Himmlischen Reich« Handel treibt, kann sich durch eine kleine Filiale an der Küste, in irgendeinem »Salem-Hafen«[4], eine genügende Basis schaffen. Man wird jene Artikel, die im Land produziert werden, exportieren: viel Eis, Tannenholz und etwas Granit – alles in Schiffen, die in Amerika gebaut wurden. Das wäre keine schlechte Spekulation. Da gilt es alle Einzelheiten persönlich zu überwachen. Lotse und Kapitän, Eigentümer und Versicherungsagent zugleich zu sein, zu kaufen, zu verkaufen und die Bücher zu führen, jeden Brief, der einläuft, zu lesen und jeden Brief, der abgehen soll, zu schreiben und durchzulesen, das Eintreffen der importierten Waren bei Tag und bei Nacht zu überwachen, an vielen Orten der Küste fast gleichzeitig zu sein – oft wird nämlich die reichste Fracht in einem ganz unzivilisierten Land gelöscht. Da gilt es sein eigener Telegraf zu sein, unermüdlich den Horizont abzusuchen und alle Schiffe, die landen wollen, anzusprechen, einen konstanten Warenversand zu unterhalten und einen entlegenen und kaufkräftigen Markt zu versorgen, die Schwankungen des Marktes genau zu verfolgen, überall die Aussichten auf Krieg und Frieden und die Tendenzen des Handels und der Zivilisation vorherzusehen, d.h., die Ergebnisse der Entdeckungsreisen vorteilhaft zu verwenden, indem man neue Durchfahrten und alle Verbesserungen der Schifffahrt benutzt. Auch Karten muss man studieren, sich die Lage von Riffen, neuen Leuchtfeuern und Bojen einprägen und ohne Unterlass Logarithmentabellen korrigieren, denn oft zerschellt ein Schiff, das im freundlichen Hafen alsbald Anker werfen sollte, infolge eines Berechnungsfehlers an einem Felsen – man denke an das rätselhafte Schicksal von »La Perousa«. Es gilt gleichen Schritt zu halten mit allen Gebieten der Wissenschaft, den Lebenslauf aller großen Entdecker und Seefahrer, aller großen Glücksritter und Kaufherren, von Hanno und den Phöniziern an bis auf unsere Tage hinab, zu studieren, kurz, man muss von Zeit zu Zeit das Lager aufnehmen, um seinen Abschluss zu machen. Solche Arbeit kann als Prüfstein für die Fähigkeiten eines Mannes gelten, solche Probleme von Gewinn und Verlust, von Verzinsung, von Taxe und Rabattbewilligung, solch sachkundige Kritik über alle Gebiete erfordert ein universelles Wissen.

Ich glaubte, dass der Waldenteich ein guter Geschäftsplatz sein müsse, nicht allein wegen der Eisenbahn oder des Eishandels. Er bietet Vorteile, die man am besten nicht verrät, wenn man klug ist. Er liefert eine gute Stellung, eine gute Basis. Newa-Sümpfe sind nicht auszufüllen. Doch überall muss man auf selbst gefügtem Fundamente bauen. Man behauptet, dass eine

Sturmflut bei Westwind mit Eisgang in der Newa St. Petersburg vom Angesicht der Erde wegfegen könne.

Da mein Geschäft ohne das übliche Kapital begonnen werden sollte, ist es nicht leicht zu erraten, woher die Mittel, die zu irgendeinem solchen Unternehmen stets notwendig sind, genommen werden konnten. Was die Kleidung betrifft – um sogleich zum praktischen Teil der Frage zu kommen –, lassen wir uns bei der Auswahl derselben vielleicht häufiger durch die Modesucht und durch die Kritik unserer Mitmenschen als durch wirkliche praktische Gesichtspunkte leiten. Wer arbeiten muss, soll nicht vergessen, dass die Kleidung erstens zur Erhaltung der Lebenswärme und zweitens – infolge unserer heutigen sozialen Verhältnisse – zum Verhüllen der Nacktheit dienen soll. Er wird dann erkennen, wie viel notwendige oder wichtige Arbeit er verrichten kann, ohne den Inhalt seines Kleiderschranks zu vermehren. Könige und Königinnen, die ihre Gewänder nur ein Mal tragen, können, selbst wenn diese von einem »Hoflieferanten für Herren- oder Damengarderoben« angefertigt würden, gar nicht wissen, was für eine Annehmlichkeit ein gut passender Anzug ist. Sie sind nichts weiter als hölzerne Ständer, über die man saubere Kleider hängt. Mit jedem Tag werden unsere Kleider uns selbst ähnlicher. Immer mehr nehmen sie von dem Charakter des Trägers in sich auf. Schließlich, wenn alle ärztliche Hilfe versagt hat, trennen wir uns nur zögernd von ihnen und unter solch feierlichen Zeremonien, wie wir unseren Toten erweisen. Niemals sank ein Mensch in meiner Achtung, weil er einen Fleck in seiner Kleidung hatte. Und doch: Ich bin überzeugt, im Allgemeinen ist man mehr darauf bedacht, moderne oder wenigstens reine und fleckenlose Kleider zu haben als ein reines Gewissen. Und selbst wenn das Loch nicht gestopft ist: Das schlimmste Laster, das es verrät, heißt doch nur – Unvorsichtigkeit. Bisweilen stelle ich meine Bekannten durch Fragen wie die folgende auf die Probe: »Wer kann einen Flicken oder auch nur zwei Extranähte über dem Knie tragen?« Die meisten benehmen sich, als ob sie glaubten, durch solch eine Tat würde die Zukunft ihres Lebens ruiniert. Es würde ihnen leichterfallen, mit einem gebrochenen Bein zur Stadt hinabzuhumpeln als mit einer zerrissenen Hose. Wenn die Beine eines Herrn durch einen Unfall verletzt werden, können sie oftmals wiederhergestellt werden. Doch wenn ein ähnlicher Unfall seinen Beinkleidern zustößt, gibt es keine Hilfe: Denn er kümmert sich nicht um das, was achtungswert ist, sondern was als achtungswert gilt. Wir kennen nur wenige Männer, aber sehr viele Röcke und Hosen. Bekleide eine Vogelscheuche mit Deinem neuesten Anzug und stelle dich nackend neben sie – wer würde da nicht zuerst die Vogelscheuche grüßen? Als ich kürzlich an einem Kornfeld vorüberging und dort einen Hut und Rock an einem Stecken hängen sah, erkannte ich den Besitzer der Farm. Er war nur etwas mehr verwittert wie damals, als ich ihn zum letzten Mal sah. Man hat mir von einem Hund erzählt, welcher Fremde, die sich in Kleidern dem Gehöft seines Herrn näherten, ankläffte, der aber von einem nackten Dieb leicht zum Schweigen gebracht wurde. Es ist eine interessante Frage, bis zu welchem Grad die Menschen ihren jeweiligen Rang behalten würden, wenn sie sich ihrer Kleider entledigt hätten. Könnte man in solchem Fall unter einer Anzahl gebildeter Menschen mit Sicherheit diejenigen bezeichnen, die sich des größten Ansehens erfreuen? Als Madame Pfeifer[5], auf ihrer kühnen Weltreise von Ost nach West, heimkehrend ins asiatische Russland gekommen war, fühlte sie, wie sie sagte, die Notwendigkeit, ihr Reisekostüm mit einem anderen zu vertauschen, sobald sie mit Behörden zu verkehren hatte. Denn sie war »in einem zivilisierten Land, wo man die Leute nach ihren Kleidern beurteilt«. Selbst in unseren demokratischen Städten Neuenglands bedingt der zufällige Besitz von Vermögen, der sich in der Kleidung und in der Einrichtung zu erkennen gibt, für den Besitzer eine fast allgemeine Hochachtung. Aber die Menschen, die solche Hochachtung zollen, sind, so groß ihre Zahl auch ist, nichts weiter als Götzendiener, denen man einen Missionär schicken sollte. Außerdem ist durch die Kleidung die Näharbeit entstanden, eine Arbeit, die man endlos nennen kann. Ein Frauenkleid wenigstens wird niemals fertig.

Hat ein Mensch schließlich eine Beschäftigung gefunden, so gebraucht er keinen neuen Anzug für diese Beschäftigung. Ihm genügt der alte, der wer weiß wie lange im Staube der Bodenkammer gelegen hat. Ein Held wird ein Paar alte Schuhe länger tragen als sein Diener – vorausgesetzt, dass der Held überhaupt je einen Diener hat. Nackte Füße sind älter als Schuhe, und auch sie genügen zu jedem Vorhaben. Nur wer zu »Soireen« und zu Versammlungen am »grünen Tisch« geht, muss neue Kleider haben, muss seinen Anzug so oft wechseln, wie er in ihnen wechselt. Wenn aber mein Wams und meine Hosen, mein Hut und meine Stiefel gut genug sind, um Gott darin zu dienen, so sind sie überhaupt gut. Oder nicht? War wirklich je ein alter Anzug – ein alter Rock – so sehr abgetragen, so völlig in die ursprünglichen Bestandteile aufgelöst, dass er nicht noch einem armen Burschen als milde Gabe geschenkt werden konnte, damit dieser ihn vielleicht einem noch ärmeren schenke?

Oder sollen wir ihn einen reicheren nennen, da er weniger bedurfte? Ich sage Euch: Hütet Euch vor allen Beschäftigungen, die neue Kleider und nicht einen neuen Träger der Kleider verlangen. Wie kann ein neuer Anzug passen, wenn der Mensch nicht neu ist? Plant Ihr irgendein neues Unternehmen, so versucht es in Euren alten Kleidern. Die Menschen brauchen kein bestimmtes Arbeitsfeld, sondern Arbeit oder vielmehr Erfolg. Vielleicht sollten wir uns erst dann einen neuen Anzug anschaffen – einerlei, wie zerrissen und schmutzig der alte auch ist –, wenn wir fühlen, dass unser Benehmen, unsere Taten und die Fahrten unseres Lebensschiffs uns zu neuen Menschen in alten Kleidern gemacht haben. Behalten wir aber auch dann den alten Anzug, so bergen wir gleichsam neuen Wein in alten Schläuchen. Die Zeit der Mauserung muss, wie beim Federvieh, eine Krisis in unserem Leben bedeuten. Während dieser Zeit zieht sich der Taucher auf einsame Teiche zurück. Auch die Schlange wirft ihre Haut und die Raupe ihr wurmiges Wams ab, infolge einer inneren Geschäftigkeit und Ausdehnung. Kleider sind nur äußere Haut, unser »sterblich Teil«[6]. Denn sonst könnte man eines Tages entdecken, dass wir unter falscher Flagge segeln. Dann aber würde uns unsere eigene Meinung und die unserer Mitmenschen unnachsichtig kassieren.

Wir ziehen ein Kleidungsstück über das andere an, als ob wir wie exogene Pflanzen durch Zunahme von der Außenseite her wüchsen. Unsere äußeren, oftmals dünnen und seltsamen Gewänder sind unsere Epidermis oder falsche Haut, die mit unseren Lebensvorgängen nichts zu tun hat und hier und da ohne böse Folgen abgestreift werden kann. Unsere dickeren Gewänder, die wir beständig tragen, sind das Unterhaut-Zellgewebe oder die Rinde. Unsere Hemden aber sind unser Bast oder unsere wahre Rinde, deren Entfernung eine schwere Verletzung oder den Tod des Menschen bedingt. Ich glaube, dass alle Rassen zu bestimmten Jahreszeiten etwas dem Hemd Äquivalentes tragen. Der Mensch sollte in seiner Kleidung einer solchen Einfachheit sich befleißigen, dass er selbst im Dunkeln sich anziehen kann. Er sollte in jeder Hinsicht so festgefügt und wohlversorgt leben, dass er, wenn der Feind sich der Stadt bemächtigt, wie der alte Philosoph ohne Angst mit leeren Händen zum Tor hinausziehen kann. Da aber ein dicker Rock in den meisten Fällen so gut wie drei dünne ist und passende Kleider zu wirklich billigen Preisen gekauft werden können, da man ferner für fünf Dollar einen dicken Rock bekommt, der ebenso viele Jahre halten wird, da man dicke Hosen für zwei Dollar, ein paar starke rindslederne Schuhe für 1½ Dollar, einen Sommerhut für 25 Cent und eine Wintermütze für 62½ Cent oder eine noch bessere für ein Spottgeld sich verschaffen kann, wenn man sie selbst macht: Wer zeigt mir da den Menschen, dem, mag er im Übrigen noch so arm sein, nicht von weisen Männern Hochachtung entgegengebracht wird, weil er in einem solchen selbst verdienten Anzug steckt!

Wenn ich ein Kleidungsstück von einer besonderen Art bestelle, so sagt mir meine Schneiderin mit wichtiger Miene: »Man macht das jetzt nicht so.« Dabei betont sie das »man« durchaus nicht, gerade als ob sie eine Autorität zitiere, die so unpersönlich wie das Schicksal ist. So stoße ich, wenn ich etwas nach meinen Wünschen gemacht haben will, auf Schwierigkeiten aus dem einfachen Grund, weil sie nicht glauben kann, dass ich meine, was ich sage, und dass ich derart voreilig bin. Wenn ich ihren Orakelspruch höre, versinke ich für einen Augenblick in tiefstes Nachdenken, betone für mich jedes Wort einzeln, um seinen Gehalt zu ergründen, um mir darüber klar zu werden, durch welchen Grad von Blutsverwandtschaft »man« mit »mir« verwandt ist und welche Glaubwürdigkeit »man« in einer Angelegenheit verdient, die mich so nahe berührt. Und schließlich fühle ich mich veranlasst, ihr mit dem gleichen mysteriösen Tiefsinn und ebenfalls ohne jede Betonung des »man« zu antworten: »Sie haben recht, in letzter Zeit machte man es nicht so, doch man tut es jetzt.« Was nützt ihr Maßnehmen, wenn sie nicht meinen Charakter misst, sondern nur die Breite meiner Schultern, als ob diese ein Holzpflock wären, über den der Anzug gehängt wird? Wir verehren weder die Grazien noch die Parzen, sondern die Mode. Sie spinnt und webt und schneidet ab – als höchste Autorität. Der Oberaffe in Paris setzt sich eine Reisemütze auf, und alle Affen in Amerika tun dasselbe. Bisweilen verzweifle ich an der Hoffnung, dass etwas ganz Einfaches und Ehrliches in dieser Welt durch Menschenwerk vollbracht werden kann. Man müsste die Menschen erst durch eine Presse mit Hochdruck hindurchtreiben, ihre alten Anschauungen so energisch aus ihnen herausquetschen, dass sie nicht so bald wieder auf die Beine kämen. Und doch: Wenn nur einer unter der Menge gewesen ist mit einer Larve im Kopf, die aus einem Ei kroch, das Gott weiß wann dort gelegt wurde – denn selbst Feuer tötet diese Gesellschaft nicht –, dann ist die ganze Mühe vergeblich gewesen. Wir wollen aber trotzdem nicht vergessen, dass uns eine Mumie ägyptischen Weizen aushändigte.

Im Allgemeinen kann man meiner Ansicht nach nicht behaupten, dass die Bekleidung sich in diesem oder in einem anderen Land zum Rang einer Kunst erhoben hat. Heutzutage behelfen sich die Menschen mit der Kleidung, die sie finden können. Wie Seeleute nach dem Schiffbruch ziehen sie an, was sie am Strand finden. Sobald aber eine kleine zeitliche oder räumliche Distanz sich geltend macht, lachen sie einander wegen der Maskerade aus. Jede Generation lacht über die alten Moden und folgt ehrfurchtsvoll der neuen. Wir lächeln belustigt, wenn wir die Tracht Heinrichs VIII. oder der Königin Elisabeth anschauen, gerade als ob sie von dem König oder der Königin der Kannibaleninseln stamme. Jedes Kostüm wirkt ohne den dazugehörenden Menschen kläglich oder grotesk. Nur durch das ernste Auge, das herausblickt, und durch das lautere Leben, das darin verbracht wurde, wird das Lächeln unterdrückt, wird die Tracht eines Volkes geheiligt. Wenn ein Harlekin einen Anfall von Kolik bekommt, muss sein Flitterstaat auch dieser Stimmung Rechnung tragen. Wenn ein Soldat von einer Kanonenkugel getroffen ist, schmückt ihn sein zerfetzter Rock wie ein Purpur.

Wegen der kindischen und barbarischen Vorliebe der Männer und Frauen für neue Muster muss sich eine – ach wie große – Anzahl von Menschen fortwährend damit beschäftigen, Kaleidoskope zu schütteln und in sie hineinzugaffen, um gerade jene Figur zu entdecken, nach der die gegenwärtige Generation verlangt. Die Fabrikanten wissen aus Erfahrung, dass dieser Geschmack nichts weiter als eine Grille ist. Von zwei Mustern, die sich nur durch die mehr oder weniger eigentümliche Farbe einiger Fäden voneinander unterscheiden, wird das eine schnell verkauft, während das andere im Schrank liegen bleibt. Nicht selten aber ist dann in der nächsten Saison dieser Gegenstand der »allermodernste«. Im Vergleich hiermit ist das Tätowieren kein so abscheulicher Gebrauch, wie man gewöhnlich annimmt. Er ist schon deswegen nicht barbarisch, weil die Farben hauttief eingetragen werden und unveränderlich sind.

Ich kann nicht glauben, dass unsere Großindustrie die beste Quelle für den Ankauf von Kleidungsstücken ist. Die Lage der Fabrikarbeiter wird jeden Tag derjenigen der englischen Arbeiter ähnlicher. Darüber braucht man sich nicht zu wundern, denn nach allem, was ich gehört und gesehen habe, ist nicht die Herstellung einer guten und sittsamen Kleidung für den Menschen, sondern die Bereicherung der Trust-Kompanien die Hauptsache. Im Laufe der Zeit treffen die Menschen nur das, wonach sie zielen. Darum täten sie besser, auch wenn sie jetzt fehlschießen, ihr Ziel möglichst hoch zu stecken.

Allerdings kann ich nicht bestreiten, dass ein Obdach heutzutage ein Lebensbedürfnis geworden ist, obwohl ich auch Beispiele dafür anführen könnte, dass Menschen in einem kälteren Land als dem unseren sich ohne solches fortbeholfen haben. Samuel Laing[7] berichtet: »Der Lappländer schläft in seinem Gewand aus Fellen und in seinem Sack aus Fellen, den er über Kopf und Schultern zieht, jede Nacht auf dem Schnee, selbst bei Kältegraden, die einen anderen Menschen, auch wenn er in Wolle gekleidet wäre, unfehlbar töten würden.« Er sah sie mit eigenen Augen, wie sie, so gebettet, schliefen. Dann aber fügt er hinzu: »Sie sind nicht abgehärteter als andere Menschen.« Wahrscheinlich aber erkannte der Mensch schon nach einer kleinen Weile seines Erdenwallens die Bequemlichkeit, die ein Haus bietet – »die häusliche Gemütlichkeit«. Dieser Ausdruck wird wohl ursprünglich mehr das Wohlgefallen am Haus als an der Familie bezeichnet haben. Und selbst dieses Wohlgefallen kann nur ein temporäres und begrenztes sein in jenen Klimaten, wo der Gedanke an das Haus hauptsächlich durch die Winter- und Regenzeit in uns erweckt wird und wo es zwei Drittel des Jahres lang eigentlich nur den Sonnenschirm zu vertreten hat. In unserem Klima, zumal im Sommer, diente das Haus früher fast nur als Decke während der Nacht. In der Hieroglyphenschrift der Indianer bedeutete ein Wigwam das Symbol eines Tagemarsches und eine Reihe derselben, in die Rinde eines Baumes geschnitten oder daraufgemalt, die Anzahl der Nachtlager. Der Mensch wurde nicht so breitgliedrig und starkknochig geschaffen, dass er nicht danach trachten müsste, seine Welt einzuengen und einen ihm passenden Raum zu ummauern. Anfangs lebte er nackt unter freiem Himmel. Das war ganz angenehm bei heiterem, warmem Wetter und im Tageslicht. Doch die Regenzeit und der Winter – um von der glühenden Sonne gar nicht zu reden – würden sein Geschlecht gar bald im Keim zerstört haben, wenn er sich nicht schleunigst mit dem Schutz eines Hauses umgeben hätte. Es wird erzählt, dass Adam und Eva mit Blättern sich bedeckten, bevor sie noch andere Kleider trugen. Der Mensch wünschte sich ein Heim, einen warmen oder gemütlichen Platz, wo er zunächst seinen Körper, dann aber auch seine Stimmungen wärmen konnte.

Wir können uns leicht jene Zeit vorstellen, wo das Menschengeschlecht noch in den Kinderschuhen steckte und wo irgendein kühner Sterblicher in eine Felsenhöhle kroch, um einen Unterschlupf zu finden. Ein Kind beginnt die Welt bis zu einem gewissen Grade wieder von vorn und ist mit Vorliebe selbst bei Nässe und Kälte im Freien. Es folgt seinem Instinkt, wenn es »Haus« und »Pferd« spielt. Wer hat vergessen, mit welchem Interesse er in seiner Jugend einen überhängenden Felsen oder irgendetwas, was einer Höhle glich, betrachtete? Ein Teil jenes instinktiven Verlangens unserer ältesten Ahnen war noch in uns lebendig. Von der Höhle gelangten wir zu Dächern aus Palmblättern, aus Rinde und Zweigen, aus fest gewobener Leinwand, aus Gras und Stroh, Brettern und Schindeln, aus Steinen und Ziegeln. Schließlich wissen wir überhaupt nicht mehr, was ein Freiluftleben ist, und unser Leben ist ein häusliches in mehr Beziehungen, als wir glauben. Vom Herd zum Feld ist ein weiter Weg. Es wäre recht angebracht, wenn wir häufiger den Tag und die Nacht ohne Scheidewand zwischen uns und den Himmelskörpern verlebten, wenn der Dichter nicht so viel unter Dach und Fach dichten, wenn der Heilige dort nicht so lange hausen würde. Vögel singen nicht in Käfigen, und Tauben hüten ihre Unschuld nicht im Taubenschlag.

Wenn aber jemand beabsichtigt, sich ein Wohnhaus zu bauen, so wird er gut tun, ein paar Unzen Yankeeschlauheit anzuwenden, sonst wird er schließlich in einem Armenhause, in einem Labyrinth ohne Schlüssel, in einem Museum, Armenhaus, Gefängnis oder in einem herrlichen Museum sich befinden. Überlegen wir uns einmal, wie schwach der Schutz zu sein braucht, der unbedingt notwendig ist! Ich sah in diesem Städtchen Penobscot-Indianer, die in Zelten aus dünnem Baumwollstoff lebten, während der Schnee ringsherum fast einen Fuß hoch lag. Ja, ich hatte die Empfindung, sie würden sich freuen, wenn er noch höher läge, um sie vor dem Wind zu schützen. Früher, als die Frage, wie ich mir auf ehrliche Weise meinen Lebensunterhalt verdienen könne, ohne all meine freie Zeit für meine eigentlichen Bestrebungen zu verlieren, mich noch heftiger quälte als jetzt – denn leider habe ich ein etwas dickes Fell bekommen –, sah ich oftmals eine große Kiste, die 6 Fuß hoch und 3 Fuß breit war, am Bahndamm stehen. Die Arbeiter pflegten darin während der Nacht ihre Werkzeuge zu verschließen. Ich dachte dann bei mir, dass jeder Mensch, der in arger Bedrängnis ist, eine solche Kiste für einen Dollar kaufen könne. Würde er ein paar Löcher in sie bohren, um auch der Luft Zutritt zu gewähren, so könnte er während der Nacht und zur Regenzeit hineinschlüpfen, den Deckel festhaken, nach Herzenslust seinen Stimmungen nachhängen und im Grunde seiner Seele frei sich fühlen. Das wäre noch nicht das Schlechteste und eine keineswegs zu verachtende Alternative gewesen. Man könnte wach bleiben, solange man Lust hätte, aufstehen, wenn man wollte, und ausgehen, ohne den Pachtherrn oder den Hausherrn wegen der Miete fortwährend auf den Fersen zu haben. Mancher Mensch, der in solch einer Kiste sicherlich nicht vor Frost gestorben wäre, wurde wegen des Mietzinses für eine größere und prächtigere Kiste zu Tode gequält. Ich scherze durchaus nicht. Das Problem »Sparsamkeit« lässt sich wohl leichthin besprechen, jedoch nicht leichthin lösen. Einst verfertigte man hier ein bequemes Haus für ein raues, abgehärtetes, an ein Freiluftleben gewöhntes Geschlecht aus dem Material, das die Natur fertig lieferte. Gookin, ein Aufseher über die von der Massachusetts-Kolonie unterworfenen Indianer, schrieb im Jahre 1674: »Ihre besten Häuser sind sehr sauber, dicht und warm und mit Baumrinde bedeckt. In den Jahreszeiten, wo der Saft emporsteigt, wird die Rinde von den Bäumen losgeschält und im grünen Zustand durch den Druck von Holzblöcken zu großen Platten gepresst. … Die gewöhnlichen Häuser werden mit Matten, die sie aus einer Art von Flatterbinsen verfertigen, bedeckt. Auch sie sind halbwegs dicht und warm, aber nicht so gut als die zuvor erwähnten … Einige Häuser, die ich selbst sah, waren 60 oder 100 Fuß lang und 30 Fuß breit … Ich habe häufig in solch einem Wigwam gewohnt und gefunden, dass er so warm war wie irgendein bestes englisches Haus.« Er fügt hinzu, dass das Innere fast stets mit schön gearbeiteten und bestickten Matten belegt und ausgekleidet und mit verschiedenartigen Gebrauchsgegenständen versehen gewesen sei. Die Indianer waren sogar so weit fortgeschritten, dass sie die Wirkung des Windes durch eine Matte regulierten, die über einer im Dach befindlichen Öffnung hing und durch eine Schnur in Bewegung gesetzt werden konnte. Der Neubau einer solchen Wohnung nahm höchstens zwei Tage in Anspruch; das Abbrechen und Wiederaufstellen dagegen nur einige Stunden. Jede Familie besaß solch ein Haus oder hatte darin ihre Wohnräume.

Bei den Wilden besitzt jede Familie ein Obdach, welches den Vergleich mit jedem anderen aushält und für gröbere und einfachere Bedürfnisse genügt. Ich glaube mich maßvoll auszudrücken, wenn ich andererseits behaupte, dass – obwohl die Vögel ihre Nester, die Füchse ihre Höhlen und die Wilden ihre Wigwams haben – in der modernen zivilisierten Gesellschaft nur ungefähr jede zweite Familie ein Obdach besitzt. In den Großstädten, in denen die Zivilisation hauptsächlich herrscht, ist im Verhältnis zur Gesamtbevölkerung die Zahl derer, die ein eigenes Heim besitzen, äußerst klein. Der Rest bezahlt für dieses periphere, im Sommer wie im Winter unentbehrliche Kleidungsstück eine jährliche Steuer, die zum Ankauf eines ganzen Dorfs indianischer Wigwams genügen würde, die unter den obwaltenden Verhältnissen jedoch nur dazu dient, den Menschen sein ganzes Leben lang arm zu erhalten. Ich habe nicht die Absicht, mich hier weiter über den Nachteil, den die Miete gegenüber dem Besitz aufweist, auszusprechen. Es liegt aber auf der Hand, dass der Wilde deswegen ein Haus sein Eigen nennt, weil es so wenig kostet, während der zivilisierte Mensch meistens ein Haus mietet, weil er den Besitz nicht bezahlen kann. Die Schwierigkeit, zu mieten, vermindert sich dabei im Lauf der Zeit durchaus nicht. Und doch, entgegnet man mir, wenn der arme zivilisierte Mensch diese Steuer bezahlt, so erhält er eine Wohnung, die im Vergleich mit dem Obdach eines Wilden ein Palast genannt werden kann. Eine jährliche Miete von 25 bis 100 Dollar – so viel zahlt man auf dem Land – verschafft ihm die berechtigte Nutznießung all jener Verbesserungen, die in Jahrhunderten geschaffen wurden: Er kann geräumige, sauber gemalte oder tapezierte Zimmer, Rumfordkamine, Jalousien, kupferne Wasserpumpen, automatische Sicherheitsschlösser, einen bequemen Keller und manche andere Dinge benutzen. Doch wie kommt es, dass der, welcher nach Ansicht seiner Mitmenschen all dieses genießen kann, so häufig als armer Mensch inmitten der Zivilisation lebt, während der Wilde, der all dieses nicht besitzt, als Wilder reich ist. Wenn man behauptet, dass die Zivilisation einen wirklichen Fortschritt in den Existenzbedingungen des Menschengeschlechts bedeutet – und ich glaube, dass dies der Fall ist, wenn auch nur die Weisen sie mit Vorteil zu benutzen verstehen –, so muss auch bewiesen werden, dass sie bessere Wohnungen schuf, ohne den Preis derselben zu erhöhen. Der Preis eines Gegenstands aber wird mit einem größeren oder kleineren Bruchteil unseres Lebens sofort oder allmählich bezahlt. In dieser Gegend hier kostet ein Durchschnittshaus ungefähr 800 Dollar. Um diese Summe zu ersparen, sind ungefähr 15 bis 20 Lebensjahre eines Arbeiters notwendig – selbst wenn er keine Familie zu ernähren hat. Der Geldwert der Tagesarbeit eines Mannes ist hierbei auf einen Dollar veranschlagt. Denn wenn die einen mehr verdienen, verdienen die anderen weniger. Der Arbeiter hat also mehr als die Hälfte auszugeben, bevor sein Wigwam verdient ist. Setzen wir andererseits den Fall, dass er Miete zahlt, so ist das nur eine ungewisse Wahl zwischen zwei Übeln. Würde ein Wilder klug daran tun, unter solchen Bedingungen seinen Wigwam gegen einen Palast auszutauschen?

Man kann mit Recht vermuten, dass nach meiner Ansicht die Anhäufung dieses überflüssigen, als Reservefonds für die Zukunft dienenden Besitzes, soweit das Individuum in Betracht kommt, eigentlich nur deshalb von Nutzen ist, weil dadurch die Bestreitung der Begräbniskosten ermöglicht wird. Vielleicht aber wird es von dem Menschen gar nicht verlangt, dass er sich selbst begräbt. Wie dem auch sei – hier wird ein wichtiger Unterschied zwischen dem Menschen der Zivilisation und dem Wilden angedeutet. Zweifellos hat man die besten Absichten mit uns, wenn man die Lebensweise eines zivilisierten Volkes zu einer Institution erhebt, in welcher das Leben des Individuums zum großen Teil absorbiert wird, um das der Rasse zu erhalten und zu vervollkommnen. Ich möchte aber gerade zeigen, durch was für ein Opfer dieser Vorteil heutzutage erreicht wird, und darauf hinweisen, dass es doch vielleicht möglich ist, unser Leben so zu verbringen, dass wir alle Vorteile, aber keine Nachteile daraus ziehen. Was treibt Ihr unter Euch dies Sprichwort und sprecht: »Ihr habt allezeit Arme bei Euch«, oder: »Die Väter haben Herlinge gegessen, aber den Kindern sind die Zähne davon stumpf geworden«?

»So wahr ich lebe«, spricht der Herr, »solch Sprichwort soll nicht mehr unter Euch gehen in Israel.«

»Denn siehe, alle Seelen sind mein; des Vaters Seele ist sowohl mein wie des Sohnes Seele. Welche Seele sündigt, die soll sterben.«

Wenn ich meine Nachbarn, die Farmer von Concord, betrachte, die mindestens so wohlhabend sind wie die anderen Stände, so finde ich, dass die meisten von ihnen sich zwanzig, dreißig oder vierzig Jahre abgequält haben, um die wirklichen Eigentümer ihrer Farmen zu werden, die sie gewöhnlich verschuldet geerbt oder mit geborgtem Geld gepachtet haben. Und ein Drittel ihrer mühseligen Arbeit kann man als den Preis ihres Hauses in Rechnung setzen – in der Regel haben sie dasselbe jedoch noch nicht bezahlt. Es ist allerdings Tatsache, dass die Schuldenlast bisweilen den Wert der Farm übersteigt, sodass diese selbst zu einer großen Last wird; und doch findet sich ein Mensch, der solch eine Erbschaft antritt, da er, wie er behauptet, die Sachlage vollkommen kennt. Ich hielt Umfrage bei der Steuerbehörde und erfuhr zu meinem größten Erstaunen, dass man mir nicht ohne Weiteres ein Dutzend Leute im Stadtbezirk nennen konnte, die ihre Farm völlig schuldenfrei besaßen. Wer Interesse an der Geschichte dieser Heimstätten hat, der möge sich bei der Bank erkundigen, bei welcher sie verpfändet sind. Der Mann, der wirklich durch seiner Hände Arbeit seine Farm bezahlt hat, ist so selten, dass jeder Nachbar mit dem Finger auf ihn zeigen kann. Ich bezweifle, ob drei solcher Männer in Concord leben. Was man von den Kaufleuten sagt, dass der bei

Weitem größere Teil – ungefähr 97 % – keinen Erfolg hat, gilt ebenso wahrheitsgemäß auch von den Farmern. Ein großer Teil der Kaufleute macht indessen – so behauptet einer aus ihrer Mitte mit Recht – nicht wegen finanzieller Schwierigkeiten, sondern nur deswegen Bankrott, weil es unbequem ist, übernommene Verpflichtungen noch zu erfüllen. Mit anderen Worten: Der moralische Charakter erleidet Schiffbruch. Und das gibt nicht nur dem ganzen Vorgang ein weit hässlicheres Aussehen, sondern erweckt auch außerdem den Gedanken, dass es wahrscheinlich selbst den übrigen drei nicht gelingt, ihre Seele zu retten, dass sie vielleicht in einem schlimmeren Sinne fallieren als die, welche ehrlich Bankrott machten. Konkurse und Zahlungsverweigerungen sind die Sprungbretter, die ein großer Teil unserer zivilisierten Menschen zu Kraftübungen und Purzelbäumen benutzt, während der Wilde auf dem starren Brett der Hungersnot steht. Doch die Middlesexer Viehausstellung findet alljährlich mit »éclat« statt, als ob alle Teile der landwirtschaftlichen Maschine vorzüglich funktionierten.

Der Farmer müht sich, das Problem des Lebensunterhalts durch eine Gleichung zu lösen, die komplizierter ist als das Problem selbst. Um seine Schuhbänder zu verdienen, spekuliert er in Viehherden. Mit vollendeter Schlauheit stellte er seine Falle mit einer haarfeinen Feder, um Bequemlichkeit und Unabhängigkeit zu fangen, beim Fortgehen aber trat er mit seinem eigenen Fuße hinein. Darin liegt der Grund seiner Armut. Und aus einem ähnlichen Grund sind wir alle, obwohl wir von Luxus umgeben sind, arm im Vergleich zu dem Wilden, der sich an tausend Annehmlichkeiten erfreut. Wie singt doch Chapman?

Um ird'sche Größe gibt der Menschen
heuchlerische Brut
Himmlischen Trost den Winden preis …

Doch wenn dem Farmer das Haus in Wirklichkeit gehört, so ist er dadurch vielleicht nicht reicher, sondern ärmer geworden. Er hat nicht das Haus – das Haus hat ihn. Der Einwand, den Momus gegen das von Minerva erbaute Haus erhob, war meiner Ansicht nach völlig zutreffend. Er sagte: »Sie hat das Haus nicht beweglich gemacht, und so kann man böser Nachbarschaft nicht entgehen.« Der gleiche Vorwurf ist auch heutzutage noch berechtigt, denn unsere Häuser sind solch plumpe Besitztümer, dass wir häufiger in ihnen eher als Gefangene leben als in ihnen »hausen«. Die schlechte Nachbarschaft aber, die wir vermeiden sollten, ist unser eigenes, niederträchtiges Ich. Ich kenne ein paar (wenn nicht eine Anzahl) Familien, die fast ein Menschenalter lang ihre Häuser draußen auf dem Land zu verkaufen und ins Dorf zu ziehen wünschten, ihren Wunsch aber bislang nicht zu befriedigen vermochten. Erst der Tod wird sie davon befreien.

Wir wollen zugeben, dass schließlich die Mehrheit der Menschen imstande ist, ein modernes Haus mit all seinen Verbesserungen zu besitzen oder zu mieten. Nun hat die Zivilisation allerdings unsere Häuser, nicht aber im gleichen Maße die Menschen, die darin wohnen, verbessert. Sie hat zwar Paläste geschaffen, doch war es nicht so leicht, Edelleute und Könige zu schaffen. Wenn aber die Bestrebungen des zivilisierten Menschen nicht würdiger als die des Wilden sind, wenn ihm der größere Teil seines Lebens nur zur Gewinnung der gröberen Bedürfnisse und Annehmlichkeiten des Lebens dient, wozu braucht er dann eine bessere Wohnung als der Wilde?

Wie steht es aber um die Minderheit? Da kommt man vielleicht zu der Erkenntnis, dass in dem gleichen Verhältnis, in welchem ein Teil der Menschheit – rein äußerlich genommen – über die Wilden sich erhob, ein anderer Teil noch tiefer als diese Wilden sank. Der Luxus eines Standes wird durch die Entbehrungen eines anderen aufgewogen. Auf der einen Seite der Palast, auf der anderen Seite das Armenhaus und der »verschämte Arme«. Die Myriaden, die für die Pharaonen die Pyramiden als Begräbnisstätten bauten, wurden mit Knoblauch gefüttert und vielleicht selbst nicht einmal anständig begraben. Der Maurer, der das Gesims des Palastes fertigstellt, kehrt am Abend vielleicht heim zu einer Hütte, die nicht so gut wie ein Wigwam ist. Die Annahme ist falsch, dass in einem Land, wo die gewöhnlichen Anzeichen der Zivilisation vorhanden sind, die Lebenslage eines sehr großen Teils der Einwohner nicht auf einer ebenso niedrigen Stufe sich befinden kann wie bei den Wilden. Ich spreche momentan von dem verkommenen Armen, nicht von dem verkommenen Reichen. Um mir hierüber Gewissheit zu verschaffen, brauche ich nur die Holzbaracken anzusehen, die überall an den Seiten unserer Eisenbahnen – des letzten Fortschritts in der Zivilisation – stehen. Da erblicke ich bei meinem täglichen Spaziergang menschliche Wesen, die in Schweineställen leben: Den ganzen Winter hindurch steht die Tür offen, damit Licht hineindringt, auch nicht die leiseste Spur eines Holzvorrats ist zu sehen. Die Gestalten von Alt und Jung sind durch die Gewohnheit, fortwährend vor Kälte und Elend zu erschauern, dauernd zusammengeschrumpft, die Entwicklung all ihrer Gliedmaßen und Fähigkeiten ist gehemmt. Es ist nicht mehr als billig, wenn wir jener Menschenklasse Beachtung schenken, die durch ihrer Hände Arbeit die Werke schuf, durch die unsere heutige Generation sich auszeichnet. Im größeren oder kleineren Maßstab gilt das Gleiche von all den verschiedenen Arten der Arbeiter in England – im großen Armenarbeitshaus der Welt. Ich könnte auch Irland anführen, das auf den Landkarten als ein weißes oder erleuchtetes Fleckchen Erde dargestellt wird. Man vergleiche einmal die körperlichen Eigenschaften des Irländers mit denen des nordamerikanischen Indianers oder des Südsee-Insulaners oder mit denen irgendeiner anderen Rasse, bevor sie durch Berührung mit der zivilisierten Menschheit an Kraft einbüßte! Trotzdem bezweifle ich durchaus nicht, dass die Leiter jener Völker so weise sind wie der Durchschnitt der zivilisierten Staatenlenker. Ihre Eigenschaften beweisen nur, welcher Schmutz gleichzeitig mit der Zivilisation bestehen kann. Ich brauche kaum die Arbeiter in den südlichen Staaten zu erwähnen, welche die hauptsächlichen Exporterzeugnisse dieses Landes bauen und dabei selbst Exportware des Südens sind. Ich kann mich auf diejenigen beschränken, die in sogenannten »bescheidenen Verhältnissen« sich befinden.

Die meisten Menschen scheinen nie darüber nachgedacht zu haben, was ein Haus ist; sie sind tatsächlich, wenn auch unnötigerweise, ihr ganzes Leben lang arm, weil sie glauben, ein gleiches Haus wie ihre Nachbarn haben zu müssen. Als ob der Mensch gerade den Rock tragen müsste, den der Schneider zufällig für ihn zugeschnitten hat, oder als ob einer, der sich allmählich das Tragen eines Panama-Huts oder einer Mütze aus virginischem Murmeltierfell abgewöhnt hat, nunmehr berechtigt wäre, über die schlechten Zeiten zu stöhnen, die ihm nicht gestatten, sich eine Krone zu kaufen. Es ist möglich, ein noch bequemeres und eleganteres Haus zu erfinden als das, was wir jetzt haben; doch nach der allgemeinen Ansicht wird keiner den Preis dafür zahlen können. Sollen wir denn immer uns mühen, mehr von diesen Dingen zu erwerben, anstatt uns bisweilen mit weniger zu bescheiden? Muss denn der hoch achtbare Bürger so eindringlich und ernst durch Vorschriften und Beispiele den jungen Mann darüber aufklären, wie notwendig es ist, vor seinem Tode eine Anzahl überflüssiger Lackschuhe, Regenschirme und leerer Gastzimmer für leere Gäste anzuschaffen? Warum kann unsere Einrichtung nicht ebenso einfach sein wie die des Arabers oder Indianers? Wenn ich an die Wohltäter der Menschheit denke, die wir als Abgesandte des Himmels, als Überbringer göttlicher Gaben feiern, so sieht mein Auge keinen Tross, keine Wagenladung eleganter Möbel hinter ihnen. Wie wäre es, wenn ich erlauben würde – wäre das nicht eine eigentümliche Erlaubnis? –, dass unsere Einrichtung die des Arabers in demselben Maße an Reichhaltigkeit übertreffen dürfe, in welchem wir uns moralisch oder intellektuell über ihn erheben? Gegenwärtig sind unsere Häuser so sehr mit Möbeln vollgepfropft und verunstaltet, dass eine gute Hausfrau den größeren Teil derselben am liebsten in die Kehrichtgrube fegen würde: An Morgenarbeit würde es ihr trotzdem nicht fehlen.

Morgenarbeit! Beim Erröten der Aurora und beim Klingen des Memnon! Worin sollte die Morgenarbeit des Menschen in dieser Welt bestehen? Ich hatte drei Kalksteine auf meinem Schreibtisch liegen und bemerkte zu meinem Schrecken, dass sie beanspruchten, täglich abgestaubt zu werden, während mein geistiges Rüstzeug noch unabgestäubt war! Darum warf ich sie entrüstet zum Fenster hinaus. Wie würde es mir ergehen, hätte ich ein möbliertes Haus? Lieber will ich unter freiem Himmel wohnen, denn auf dem Gras sammelt sich kein Staub an – es sei denn da, wo der Mensch in der Erde gewühlt hat.

Die Schlemmer und die Verschwender geben die Mode an, der die Herde dann ohne Ermatten folgt. Der Reisende, der in den sogenannten ersten Hotels absteigt, kann sich hiervon schnell überzeugen. Die Wirte scheinen ihn für einen Sardanapal zu halten, und wenn er sich völlig ihrer zarten Fürsorge anvertrauen würde, verlöre er bald all seine männliche Willenskraft. Ich bin der Ansicht, dass wir bei der Herstellung der Eisenbahnwagen mehr eine elegante Ausstattung als Sicherheit und Zweckmäßigkeit erstreben. Es liegt daher die Gefahr nahe, dass sie, ohne diese wichtigen Bedingungen zu erfüllen, nichts Besseres werden als moderne Salons mit Lehnstühlen, Ottomanen, Fenstervorhängen zum Schutz gegen die Sonne und hundert anderen orientalischen Dingen, die wir mit uns nach Westen nehmen, die aber für die Haremsdamen und die effeminierten Eingeborenen des Himmlischen Reichs erfunden wurden. Bruder Jonathan sollte sich schämen, solcherlei Dinge nur dem Namen nach zu kennen. Ich würde lieber auf einem Kürbis allein als auf einem Samtkissen im Gedränge sitzen. Ich würde es vorziehen, auf der Erde in einem Ochsenwagen zu fahren, zu dem die Luft freien Zutritt hat, als gen Himmel in dem »Luxuswagen« eines Vergnügungszugs, wo ich den ganzen Weg lang »Malaria« einatmen muss.

Gerade die Einfachheit und Nacktheit im Leben des Menschen der grauen Vorzeit brachten wenigstens den

Vorteil mit sich, dass er sich nur als temporärer Besucher auf Erden fühlte. War er durch Nahrung und Schlaf erquickt, nahm er wieder den Gedanken an seine weitere Reise auf. Er wohnte sozusagen auf dieser Welt in einem Zelte, durchstreifte die Täler, durchkreuzte die Ebenen und stieg auf die Gipfel der Berge. Doch siehe da! Die Menschheit wurde zum Werkzeug ihrer Werkzeuge! Der Mann, der einst, wenn er hungrig war, in Freiheit seine Früchte für sich pflückte, wurde zum Bauern, und der einst unter einem Baum Schutz suchte, wurde zum Hausherrn. Heutzutage schlagen wir nicht mehr für eine Nacht unser Zelt auf. Wir haben in der Erde Wurzeln geschlagen und den Himmel vergessen. Wir haben das Christentum nur als eine verbesserte Methode der Agrikultur angenommen. Wir haben für diese Welt ein Familienhaus, für die andere ein Familiengrab errichtet. Die besten Kunstwerke spiegeln das Bemühen der Menschheit wider, sich von diesem Zustand zu befreien. Doch die Wirkung unserer Kunst äußert sich nur darin, dass sie uns diesen niedrigen Zustand erträglich finden und jenen höheren Zustand vergessen lässt. Tatsächlich gibt es in diesem Dorf hier keinen Platz, wo ein echtes Kunstwerk – vorausgesetzt, dass ein solches uns vererbt worden wäre – aufgestellt werden könnte. Weder unsere Lebensweise noch unsere Häuser und Straßen würden eine passende Umrahmung dafür liefern. Hier gibt es keinen Nagel, an den wir ein Bild hängen, kein Sims, auf das wir die Büste eines Helden oder Heiligen stellen könnten. Wenn ich daran denke, wie unsere Häuser gebaut und bezahlt werden, oder vielmehr nicht bezahlt werden, wie der Haushalt geführt und aufrechterhalten wird, so muss ich mich wundern, dass der Fußboden sich nicht unter dem Besucher, der all den Plunder auf dem Kamin betrachtet, öffnet und ihn in den Keller hinabgleiten lässt auf eine solide und ehrliche, wenn auch erdige Basis. Ich komme immer wieder zu der Ansicht, dass dieses sogenannte reiche und elegante Leben durch einen Sprung gewonnen wird. Und ich kann die schönen Künste, die es schmücken, deswegen nicht mit Freuden genießen, weil meine Aufmerksamkeit ganz mit dem Sprung beschäftigt ist. Denn soviel ich weiß, wurde der bedeutendste, wirkliche Sprung, der menschlicher Muskelkraft allein gelang, von gewissen nomadisierenden Arabern ausgeführt: Sie sollten fünfundzwanzig Fuß weit auf ebener Erde gesprungen sein. Ohne künstliche Nachhilfe aber muss der Mensch am Schluss des Sprungs wieder zur Erde zurückkehren. Die erste Frage, die ich an den Besitzer eines erheuchelten Besitzes stellen möchte, lautete: Wer stützt Dich? Gehörst Du zu den siebenundneunzig, die keinen Erfolg, oder zu den dreien, die Glück haben? Beantworte mir erst diese Fragen, und dann will ich vielleicht Deinen Tand anschauen und ihn »ornamental« finden. Die Pferde hinter den Wagen zu spannen ist weder schön noch nützlich. Ehe wir unsere Häuser mit schönen Dingen schmücken, müssen die Wände gereinigt, muss unser Leben gereinigt werden, eine anständige Lebensführung und Haushaltung muss zum Fundament gemacht werden. Das Empfinden für alles Schöne wird aber hauptsächlich unter freiem Himmel gepflegt, dort, wo es weder Häuser noch Hausherren gibt.

Der alte Johnson erzählt in seiner »Allmächtigen Vorsehung«[8], wenn er von den ersten Ansiedlern in diesem Stadtbezirk spricht, deren Zeitgenosse er war, »dass sie anfangs in Erdhöhlen am Abhang eines Hügels wohnten. Sie stellten große Balken schräg gegen den Hügel, warfen die ausgegrabene Erde hinauf und machten auf dem Erdboden, dort, wo das Dach am höchsten war, ein rauchiges Feuer! »Sie versorgten sich nicht eher mit Häusern«, fährt er fort, »bis die Erde durch des Herrn Segen Nahrung hervorgebracht hatte. Die Ernte des ersten Jahres war aber so schmal, dass sie notgedrungen ihr Brot eine Zeit lang sehr dünn schneiden mussten.« Ausführlicher schreibt anno 1650 der Staatssekretär der Provinz Neuniederland in holländischer Sprache zur Unterweisung für diejenigen, welche eine Niederlassung daselbst beabsichtigten: »Die Leute in Neuniederland und besonders in Neuengland, denen keine Mittel zum Bau von Farmhäusern, die ihren Wünschen entsprechen, zu Gebote stehen, graben eine viereckige Grube, wie einen Keller, sechs oder sieben Fuß tief und so lang und breit, als es ihnen zweckmäßig erscheint: Innen verschalen sie die Erdwände ringsum mit Holz und bedecken das Holz wiederum mit Baumrinde oder etwas Ähnlichem, um das Eindringen der Erde zu verhindern. Der Fußboden und die Decke dieses Kellers werden mit Brettern ausgekleidet; darüber macht man ein Dach aus Baumstämmen, welches mit Rinde und Rasensoden belegt wird. Sie können trocken und warm in diesen Häusern mit ihrer ganzen Familie zwei, drei oder vier Jahre lang leben. Selbstverständlich wird solch ein Keller, je nach der Größe der Familie, in Abteilungen zerlegt. Die reichsten und leitenden Persönlichkeiten in Neuengland bauten zur Zeit der Gründung dieser Kolonien ihre Häuser anfangs auf solche Art, weil sie erstens nicht viel Zeit auf den Hausbau an sich verwenden wollten, zweitens, weil sie die mittellosen Arbeiter, die sie in großen Mengen vom Vaterland herübergebracht hatten, nicht zu entmutigen wünschten. Nach Ablauf von drei oder vier Jahren, als das Land ertragsfähig war, bauten sie sich hübsche Häuser, für die sie mehrere Tausend Dollar ausgaben.

Wenn unsere Vorfahren derart zu Werke gingen, so liegt darin zum Mindesten ein Anzeichen von Klugheit. Sie hatten das Prinzip, den dringendsten Bedürfnissen zuerst abzuhelfen. Tut man das auch noch heutzutage? Wenn ich in Erwägung ziehe, ob ich für mich selbst eine unserer eleganten Wohnungen erwerben soll, so schreckt mich immer wieder der Gedanke davon ab, dass das Land für die menschliche Kultur noch nicht geeignet ist, dass wir unser geistiges Brot noch viel dünner schneiden müssen als unsere Ahnen ihr Weizenbrot. Es soll damit nicht gesagt sein, dass der architektonische Schmuck selbst in der rohesten Periode gänzlich vernachlässigt werden kann. Vielmehr sollten unsere Häuser sich zunächst im Innern, wo sie mit unserem Leben in enge Beziehung treten, mit dem Gewand der Schönheit schmücken, gerade wie das Gehäuse eines Muscheltieres.

Doch ach! Ich habe ein paar Häuser von innen gesehen, und ich weiß, wie es darin ausschaut.

Zwar sind wir noch nicht so degeneriert, dass wir gegebenenfalls nicht auch heutzutage in einer Höhle oder in einem Wigwam leben oder Kleidung aus Fellen tragen würden. Trotzdem ist es aber sicherlich besser, die Vorteile zu benutzen, die uns durch die Erfindungsgabe und den Fleiß der Menschen angeboten werden. In meiner Nachbarschaft sind Balken und Schindeln, Kalk und Ziegelsteine, ganze Baumstämme, Rinde in genügender Menge oder selbst gut gebrannter Lehm oder flache Steine billiger und leichter zu haben als passende Höhlen. Ich spreche mit Sachkenntnis über diesen Gegenstand, denn ich habe mich sowohl theoretisch wie praktisch damit beschäftigt. Mit etwas mehr Verstand können wir diese Materialien derart benutzen, dass wir reicher werden, als die Reichsten jetzt sind. Unsere Zivilisation würde dann ein Segen werden. Der zivilisierte Mensch ist ein erfahrener und verständiger Wilder. Doch nun schleunigst zu meinem eigenen Experiment!

Ende März 1845 borgte ich mir eine Axt und wanderte hinab in den Wald zum Waldenteich, in dessen unmittelbarer Nähe ich mein Haus bauen wollte. Ich fällte zunächst einige hohe, pfeilartige, noch junge Weißtannen, um Bauholz zu gewinnen. Anzufangen, ohne zu borgen, ist schwer. Und doch ist dies vielleicht noch der anständigste Weg, da man hierdurch seinen Mitmenschen erlaubt, sich für das Unternehmen eines anderen zu interessieren. Der Besitzer der Axt sagte, als er mir zeitweise sein Eigentumsrecht an derselben übertrug, sie sei sein Augapfel. Ich gab sie ihm aber schärfer zurück, als ich sie empfing. Der Abhang des Hügels, auf dem ich arbeitete, war lieblich mit Nadelholz bewachsen, durch das man einen Ausblick auf den See und auf eine kleine Lichtung im Gehölz hatte, wo Fichten und weiße Walnussbäume zu treiben begannen. Das Eis des Teiches war noch nicht geschmolzen, doch sah man einige offene Stellen. Das Eis zeigte überall eine dunkle Farbe und war völlig mit Wasser durchsetzt.

Während der Tage, die ich hier arbeitete, gab es einige leichte Schneegestöber. Meistens aber lag, wenn ich heimwärts ging, der Eisenbahndamm, leuchtend wie ein gelbes Band in dunstiger Luft, vor meinen Augen. Die Schienen glitzerten in der Frühlingssonne. Ich hörte die Lerche, den Piewieh, und andere Vögel, die schon angekommen waren, um ein weiteres Jahr mit uns zu verleben. Es waren angenehme Frühlingstage – Frühlingstage, an denen der Winter unseres Missvergnügens zugleich mit der Erde auftaute, an denen das bislang erstarrte Leben sich zu recken und zu strecken begann. Eines Tages – meine Axt hatte sich gelockert, ich hatte gerade den lebenden Zweig eines Walnussbaums zu einem Stiel zugeschnitten, ihn mit einem Stein hineingetrieben und die ganze Axt nahe am Teich in ein Erdloch gesteckt, um das Holz quellen zu lassen – eines Tages sah ich eine gestreifte Schlange in das Wasser huschen. Dort lag sie auf dem Grund, augenscheinlich ohne Unbehagen, solange ich dort war, d.h. länger als eine Viertelstunde. Vielleicht war ihr Erstarrungszustand noch nicht völlig gewichen. Es kommt mir so vor, als ob wegen einer ähnlichen Ursache die Menschheit in ihrem niedrigen primitiven Zustand verharrt. Denn wenn sie den belebenden Einfluss des Frühlings aller Frühlinge spüren würden, so müssten sie notgedrungen sich zu einem höheren, mehr ätherischen Dasein erheben. Ich hatte schon vorher, morgens früh, an Frosttagen auf meinem Weg Schlangen beobachtet, deren Körper zum Teil noch starr und unbeweglich war. Sie warteten auf die Sonne, um aufzutauen. Am ersten April fiel Regen, und das Eis zerschmolz. Am frühen Morgen, wo dichter Nebel herrschte, hörte ich eine verirrte Gans, die schrie, als ob sie den Weg verloren hätte und über das Eis tappte wie das Gespenst des Nebels.

Ich fuhr mit meiner Arbeit einige Tage lang fort, fällte und bearbeitete mein Holz, die Eckpfeiler und die Dachsparren. Ich gebrauchte dazu nur meine schmale Axt und hatte nicht gerade viel mitteilungswerte oder wissenschaftliche Gedanken. Ich sang so vor mich hin:

Das Menschlein spricht:
Ich weiß von vielen Dingen.
Doch ach! schon entfalteten ihre Schwingen
Künste und Wissenschaften
Und tausend Machenschaften!
Der Wind weht –
Das ist alles, was der Mensch versteht.

Die Hauptbalken machte ich sechs Zoll dick. Die meisten Pfosten bearbeitete ich nur an zwei Seiten, die Bretter für die Decken und den Fußboden nur an einer Seite, die übrige Rinde ließ ich daran. Auf diese Weise wurden sie genauso gerade und bedeutend stärker als gesägte Bretter. Jeder Pfeiler wurde ordentlich eingezapft und verbolzt, denn ich hatte mir bereits andere Werkzeuge geborgt.

Mein Tagewerk im Wald pflegte nicht lange zu dauern, doch nahm ich gewöhnlich mein Mittagessen, bestehend aus Butter und Brot, mit mir hinaus. Mittags las ich, während ich mitten zwischen den abgeschnittenen Tannenzweigen saß, die Zeitung, in die ich meine Nahrung eingewickelt hatte. Ein harziger Duft teilte sich meinem Brot mit, denn meine Hände waren mit einer dicken Schicht Tannenharz bedeckt. Nach Beendigung meiner Arbeit war ich mehr zum Freund als zum Feind der Tannen geworden, obwohl ich einige von ihnen gefällt hatte. Bisweilen lockte der Schall meiner Axt einen Wandersmann herbei: Dann schwätzten wir fröhlich, während die Späne rings den Boden bedeckten.

Ich hatte es durchaus nicht eilig mit meiner Arbeit, sondern suchte mich so viel als möglich an ihr zu erfreuen. Ungefähr um die Mitte April war das Material für mein Haus so weit fertig, dass es zusammengesetzt werden konnte. Ich hatte bereits die Waldhütte des Irländers James Collins, der an der Fitchburg-Eisenbahn arbeitete, gekauft, um Bretter zu bekommen. James Collins' Hütte galt als ganz besonders schön. Als ich zur Besichtigung bei ihm vorsprach, war er nicht zu Hause. Ich betrachtete seine Wohnung von außen, anfangs von den Insassen unbemerkt, denn das Fenster war hoch oben im Dach angebracht. Die Hütte war nur recht klein und hatte ein Giebeldach. Mehr gab's nicht zu sehen, denn der Schmutz lag wie ein Misthaufen fünf Fuß hoch ringsherum. Das Dach sah noch am gesündesten aus, obwohl es auch schon durch die Sonne krumm gebogen und brüchig gemacht war. Eine Türschwelle gab es nicht, wohl aber unter dem Türbrett einen stets offenen Durchgang für die Hühner. Frau C. kam an die Haustür und ersuchte mich, die Besichtigung von innen vorzunehmen. Meine Annäherung trieb die Hühner hinein. Drinnen herrschte Dunkelheit; der Fußboden bestand zum größten Teil aus schmutziger Erde, war feucht, muffig, ein Fieberherd. Bald lag hier ein Brett, bald lag dort ein Brett – hätte man sie wegzunehmen versucht, sie wären zerbrochen. Die Frau zündete eine Lampe an, um mir zu zeigen, wie die Innenseite des Daches und der Wände beschaffen sei und dass der Bretterfußboden sich bis unter das Bett erstreckte. Dabei warnte sie mich, nicht in den Keller zu treten – in eine Art Kehrichtgrube von zwei Fuß Tiefe. Nach ihren eigenen Worten waren »die Dachbalken gut, alle übrigen Balken gut«, war »das Fenster gut«. Dieses hatte ursprünglich einmal aus zwei ganzen Scheiben bestanden, jetzt diente es der Katze als Tür. Es gab dort ferner einen Ofen, ein Bett, eine Sitzgelegenheit, einen goldgerahmten Spiegel, ein Kind, das in diesem Haus geboren war, einen seidenen Sonnenschirm und eine neue Patentkaffeemühle, die an einen Eichenpfosten genagelt war – *voilà tout!* Der Handel war bald abgeschlossen, denn James war inzwischen zurückgekehrt. Ich verpflichtete mich, 4 Dollar und 25 Cent sofort an diesem Abend zu bezahlen. Er musste dagegen sich verpflichten, das Anwesen bis spätestens zum nächsten Morgen fünf Uhr zu räumen und es mittlerweile an keinen anderen zu verkaufen: Um sechs Uhr durfte ich den Besitz antreten. Es würde gut sein, sagte er, wenn ich mich frühzeitig einfinden würde, um gewissen unklaren, aber ganz unberechtigten Ansprüchen auf Bezahlung von Bodenzins und Feuerung zuvorzukommen. Andere Schulden waren, seiner Behauptung nach, nicht vorhanden. Um sechs Uhr traf ich ihn mit seiner Familie auf der Landstraße. Ein großes Bündel enthielt all ihre Schätze – Bett, Kaffeemühle, den Spiegel und die Hühner. Nur die Katze fehlte. Sie hatte sich in die Wälder begeben, wurde zur wilden Katze und geriet, wie ich später hörte, in eine für Murmeltiere gestellte Falle. Da wurde sie eine tote Katze.

Ich brach die Waldhütte am gleichen Morgen ab und schaffte die Bretter, nachdem ich die Nägel herausgezogen hatte, in kleinen Karrenladungen zum Teichufer. Dort legte ich die Bretter nebeneinander aufs Gras, damit sie in der Sonne bleichen und sich zurückkrümmen konnten. Während ich den waldigen Pfad entlangwanderte, sang eine muntere Drossel mir ein paar ihrer Lieder. Ein junger Irländer verriet mir heimlicherweise, dass Nachbar Seeley, ebenfalls ein Irländer, die noch zum Einschlagen zu verwendenden geraden Nägel, Haken und Bolzen in seine Tasche verschwinden ließe, sobald ich mit meinem Karren mich entfernt habe. Kam ich zurück, so stand er mit der unschuldigsten Miene da, wünschte mir Guten Tag und war mitten unter den Trümmern in Frühlingsstimmung. Für ihn gäbe es hier gar nichts zu tun, sagte er. Seine Anwesenheit repräsentierte das schaulustige Publikum. Er verhalf dazu, dass dieses scheinbar unbedeutende Ereignis so wichtig erschien wie der Auszug der Götter aus Troja.

Ich grub meinen Keller in die südliche Böschung des Hügels, wo früher einmal ein Murmeltier seine Höhle hatte, tief durch Sumach- und Brombeerwurzeln und durch die letzten Spuren von Vegetation. Er maß sechs Fuß im Quadrat und war sieben Fuß tief. Dort gab es feinen Sand, in welchem die Kartoffeln selbst in kalten Wintern nicht erfrieren. Die Seiten ließ ich abschüssig, wie sie waren, ohne sie auszumauern; da die Sonne sie nie beschienen hatte, blieb der Sand an seinem Platz. Die ganze Arbeit währte nur zwei Stunden. Gerade das Graben machte mir besondere Freude, denn in fast allen Zonen graben die Menschen in die Erde, um eine gleichmäßige Temperatur zu erhalten. Selbst unter dem elegantesten Haus in der Stadt kann man stets einen Keller finden, der, wie in alter Zeit, zum Aufbewahren der Wurzeln dient und der sich, selbst wenn der Oberbau schon längst verschwunden ist, der Nachwelt durch eine Vertiefung im Erdboden verrät. Das Haus ist noch immer nichts anderes als eine Art Vorhalle beim Eingang in die Grube.

Endlich errichtete ich Anfang Mai den Rohbau meines Hauses. Wenn ich dazu die Hilfe einiger Bekannten benutzte, so geschah das mehr, weil ich eine solch günstige Gelegenheit, mich als guter Nachbar zu erweisen, benutzen wollte, als aus Notwendigkeit. Kein Mensch wurde je mehr durch das Ansehen seiner Mitarbeiter geehrt als ich. Ich hoffe zuversichtlich, dass sie dazu bestimmt sind, später einmal stolzere Bauten zu errichten. Am vierten Juli zog ich, sobald Fußboden und Dach fertiggestellt waren, in mein Haus ein. Alle Bretter waren mit Sorgfalt schräg zugeschnitten. Sie wurden derart übereinandergelegt, dass Regen absolut nicht durchdringen konnte. Ehe ich jedoch den Boden dielte, legte ich an einer Seite den Grund zu einem Kamin. Ich trug zu diesem Zweck zwei Karrenladungen Steine auf den Armen vom Teich zu meinem Hügel herauf. Den Kamin baute ich im Herbst, als ich mit dem Hacken meiner Saat fertig war, noch ehe ich eines wärmenden Feuers bedurfte. Mittlerweile kochte ich in aller Morgenfrühe im Freien auf dem Erdboden. Dies Verfahren ist meiner Ansicht nach in mancher Beziehung bequemer und angenehmer als das übliche. Gab es Regen und Wind, bevor mein Brot gebacken war, so befestigte ich einige Bretter über dem Feuer, setzte mich darunter, gab acht auf das Brot und verbrachte auf solche Weise einige angenehme Stunden. An diesen Tagen, wo meine Hände viel zu tun hatten, las ich nur wenig. Doch der kleinste Papierfetzen, der am Boden lag und der mir zum Anfassen des Kochtopfes oder auch als Tischtuch diente, verschaffte mir geradeso viel Unterhaltung, ja entsprach seinem Zweck tatsächlich geradeso gut wie die *Ilias*.

Es wäre schon der Mühe wert, wenn man beim Bauen noch viel überlegter als ich vorginge, wenn man z. B. in Erwägung zöge, inwiefern eine Tür, ein Fenster, ein Keller, eine Bodenkammer durch die Natur des Menschen begründet sind, wenn man nur dann einen Oberbau errichten würde, wenn ein triftigerer Grund als unser momentanes Bedürfnis vorhanden wäre. Der Mensch soll sein Haus ganz nach seinen Bedürfnissen schaffen wie der Vogel sein Nest. Wenn die Menschen ihr Haus mit ihren eigenen Händen bauen und harmlos und ehrlich sich und ihre Familien mit Nahrung versorgen würden, wer weiß, ob da nicht die poetische Ader allgemein sich entwickeln würde! Singen nicht die Vögel überall bei dieser Arbeit? Doch ach! Wir gleichen dem Kuhvogel und dem Kuckuck, die ihre Eier in Nester legten, die andere Vögel bauten. Und dabei erfreuen sie den Wanderer durch ihr Geschwätz und ihre unmusikalischen Töne durchaus nicht. Wollen wir denn für alle Zeit das Vergnügen des Bauens dem Zimmermann überlassen? Was ist Architektur in den Augen der großen Masse? Nie traf ich auf meinen zahlreichen Spaziergängen einen Menschen, der sich der einfachen und natürlichen Beschäftigung, sein eigenes Haus zu bauen, widmete. Wir gehören dem Gemeinwesen. Nicht nur der Schneider macht den Mann, sondern auch der Geistliche, der Kaufmann und der Farmer. Wo wird diese Arbeitsteilung enden? Welchem Zweck dient sie schließlich? Allerdings – ein anderer kann auch für mich denken. Trotzdem ist es durchaus nicht wünschenswert, dass er dies in einem solchen Maße besorgt, dass mein selbstständiges Denken gänzlich ausgeschlossen wird.

Es ist wahr: Es gibt sogenannte Architekten in diesem Land. Wenigstens von einem hat man mir erzählt, dass ihm, gleich einer Offenbarung, der Gedanke gekommen sei, architektonischen Ornamenten einen inneren Gehalt von Wahrheit, Berechtigung und daher auch von Schönheit zu verleihen. Das war alles von seinem Standpunkt aus vielleicht ganz gut, und doch nur wenig besser als der allgemeine Dilettantismus. Dieser sentimentale Reformator der Architektur begann oben am Gesims, nicht beim Fundament. Für ihn handelte es sich nur darum, in die Ornamente einen Kern von Wahrheit hineinzulegen, damit jedes Stückchen Zuckerzeug seine Mandel oder seinen Anis-Samen enthalte – ich glaube übrigens, dass Mandeln ohne Zucker gesünder sind –, und nicht darum, dass der Bewohner, der Inwohner, nach innen und nach außen der Wahrheit gemäß baue und die Ornamente sich selbst überlasse. Welcher vernünftige Mensch hat je geglaubt, dass Ornamente etwas Äußerliches, nur in der Haut Befindliches seien, dass die Schildkröte ihren gefleckten Schild, dass die Auster ihren Perlmutterglanz durch ein ähnliches Verfahren erlangte wie die Bewohner des Broadway ihre Trinitatiskirche? Der Mensch hat aber ebenso wenig mit dem architektonischen Stil seines Hauses zu tun wie die Schildkröte mit der Zeichnung ihres Gehäuses. Auch braucht der Soldat sich nicht damit zu plagen, die Farbe seines Muts auf seine Fahne zu malen. Der Feind wird sich darüber schon Klarheit verschaffen. Wer weiß, ob der Soldat nicht erblasst, wenn's zur Feuerprobe kommt. Dieser Architekt schien mir, über das Gesims gelehnt, zaghaft seine Halbwahrheiten den unwissenden Einwohnern zuzuflüstern, die in Wirklichkeit die Sache besser verstanden als er. Die architektonische Schönheit, die ich jetzt sehe, ist meines Wissens allmählich von innen herausgewachsen, heraus aus den Bedürfnissen und der Eigenart des Inwohners, als welcher der alleinige Erbauer ist – heraus aus unbewusster Wahrhaftigkeit und Vornehmheit, ohne dass je auf die äußerliche Wirkung Rücksicht genommen wurde. Sollte der Schönheit von dieser Art eine Weiterentwicklung bestimmt sein, so wird ihr eine gleichfalls unbewusste Schönheit des Lebens vorangehen. Die interessantesten Wohnstätten in diesem Land sind, wie der Maler weiß, die anspruchslosesten: die bescheidenen Blockhütten und Häuschen der

Armen zumeist. Das Leben der Einwohner, das sich in diesem Gehäuse abspielt, nicht irgendeine Eigentümlichkeit an der Außenseite macht sie pittoresk. Ebenso interessant wird der »Kasten« des Städters in der Vorstadt sein, wenn sein Leben einen einfachen und wohltuenden Eindruck macht, wenn er die architektonische Wirkung seines Hauses ebenso wenig forciert wie der Arme. Architektonische Ornamente sind zum großen Teil buchstäblich hohl. Ein kräftiger Septemberwind fegt sie fort wie geborgte Federn, ohne dem Gesamtbild Schaden zuzufügen. Wer weder Oliven noch Wein im Keller hat, kann sich ohne »Architektur« behelfen. Was würde geschehen, wenn man geradeso viel Aufhebens um die Schnörkeleien in der Literatur machen würde, wenn die Baumeister unserer Bibeln geradeso viel Zeit auf das Beiwerk verwendet hätten wie die Baumeister unserer Kirchen? So macht man *belles-lettres* und *beaux-arts* und ihre Professoren. Aber natürlich für den Menschen ist es von großer Wichtigkeit, wie ein paar Holzlatten über ihm und unter ihm gelegt und was für Farben auf seinen Kasten geschmiert sind! Ja, hätte er eigenhändig und nach reiflicher Überlegung das Legen und das Anstreichen besorgt – dann könnte man wenigstens irgendetwas von Bedeutung darin sehen. Doch da der Geist aus dem Bewohner entflohen ist, so ist die Herstellung des Hauses gleichbedeutend mit der des Sarges – eine Grabarchitektur – und die Bezeichnung »Zimmermann« nur ein anderer Ausdruck für den »Sargfabrikanten«. Ein Mensch hat einmal aus Verzweiflung oder aus Gleichgültigkeit gegen das Leben gesagt: »Nimm eine Handvoll von der Erde zu Deinen Füßen und bemale Dein Haus mit dieser Farbe.« Dachte er an sein letztes und enges Haus? Das mögen die Würfel entscheiden! Welchen Überfluss an Muße muss er haben! Wozu die Handvoll Erde? Du tust besser daran, Dein Haus nach Deiner eigenen Gesichtsfarbe anzustreichen! Lass es statt Deiner erblassen und erröten. Das wäre so ein Unternehmen, um den architektonischen Stil unserer Landhäuser zu verbessern! Wenn Ihr meine Ornamente fertig habt, will ich sie anbringen.

Bevor der Winter kam, baute ich einen Kamin und bedeckte die Seiten meines Hauses, die bereits für den Regen undurchdringlich waren, mit Schindeln, mit mangelhaften, noch grünen Schindeln. Sie waren ein Produkt des ersten Sägeschnitts durch das Holz; ihre Ränder musste ich mit dem Hobel glätten.

Ich habe somit ein dicht geschindeltes und verputztes Haus, zehn Fuß breit, fünfzehn Fuß lang und acht Fuß hoch, mit einer Bodenkammer und einem Wandschrank, mit einem breiten Fenster an jeder Seite, mit einer Falltür, einer Eingangstür und einem Backsteinkamin. Da ich für das verwendete Material den gewöhnlichen Durchschnittspreis bezahlte, betrugen die genauen Kosten meines Hauses, uneingerechnet die Arbeit, die ich selbst verrichtete:

Bretter (meistens Hüttenbretter)	$	8,03½
Ausschussschindeln für Dach und Seitenflächen	$	4,–
Latten	$	1,25
Zwei Fenster mit Glas (aus zweiter Hand)	$	2,43
Eintausend alte Backsteine	$	4,–
Zwei Fass Kalk (das war teuer!)	$	2,40
Haare (mehr als ich brauchte)	$	0,31
Eiserner Kaminmantel	$	0,15

Nägel		$ 3,90
Türangeln und Schrauben		$ 0,14
Türgriff		$ 0,10
Kreide		$ 0,01
Fuhrlohn (ich trug das meiste auf meinem Rücken)		$ 1,40
	Summa:	$ 28,12½

Ich führe die Einzelpreise an, weil die wenigsten Menschen imstande sind, zu sagen, was ihr Haus kostete, weil fast niemand die einzelnen Beträge für die verschiedenen Materialien, aus denen es zusammengesetzt ist, anzugeben vermag.

Das also war das Material, abgesehen von Bauholz, Steinen und Land; diese Dinge nahm ich mit dem Recht des Ansiedlers für mich in Anspruch. Ich baute außerdem noch einen kleinen Holzverschlag, zu welchem ich hauptsächlich das beim Hausbau übrig gebliebene Holz benutzte.

Ich beabsichtige, mir ein Haus zu zimmern, das jedes andere an der Hauptstraße in Concord gelegene an Vornehmheit und Luxus übertrifft, sobald es mir so gut gefällt und nicht mehr kostet als mein jetziges.

Auf diese Weise fand ich, dass der Gelehrte, der gern eine Wohnstätte besitzen möchte, sich eine solche auf Lebenszeit zu einem Preis verschaffen kann, der die von ihm gezahlte Jahresmiete nicht übersteigt. Wenn ich mehr zu prahlen scheine, als sich für mich schickt, so kann ich mich damit entschuldigen, dass ich mich mehr im Interesse der Menschheit als meines Ichs brüste. Meine Schwächen und meine Unbeständigkeit haben nichts mit der Wahrheit meiner Behauptung gemeinsam. Trotz aller Heuchelei und Scheinheiligkeit – Spreu, die ich nur mühsam von meinem Weizen zu trennen vermag, deren Vorhandensein ich aber so sehr beklage wie nur irgendeiner – will ich in dieser Hinsicht frei atmen und mich recken und strecken können. Das ist eine große Wohltat für den Geist und den Körper. Ich bin fest entschlossen, nicht aus demütiger Bescheidenheit zum Anwalt des Teufels zu werden. Ich werde immer bemüht sein, für die Wahrheit ein gutes Wort einzulegen.

In der Universitätsstadt Cambridge kostete die Miete eines Studentenzimmers, das kaum größer ist als das meinige, allein schon 305 Dollar für das Jahr, obwohl die Gesellschaft den Vorteil hatte, 32 Zimmer nebeneinander und unter einem Dach zu errichten, während der Mieter die Unannehmlichkeit hat, viele und lärmende Nachbarn dulden und eventuell im vierten Stockwerk wohnen zu müssen. Ich bin überzeugt, dass, wenn wir in dieser Hinsicht ein richtiges Wissen besäßen, nicht nur weniger Erziehung notwendig wäre – denn wahrlich, wir hätten sie ja schon –, sondern dass auch das pekuniäre Opfer für die Erziehung zum großen Teil wegfallen würde. Die Bequemlichkeiten, die der Student in Cambridge oder irgendwo sonst verlangt, kosten ihn oder einen anderen ein zehnmal größeres Opfer an Lebenszeit, als bei vernünftigem Vorgehen von beiden Seiten nötig wäre. Die Dinge, für die am meisten Geld ausgegeben wird, sind niemals diejenigen, welche der Student am dringendsten gebraucht. Die Kollegiengelder zum Beispiel sind ein wichtiger Posten in der halbjährlichen Rechnung, während für die viel wertvollere Erziehung, welche er durch den Umgang mit den Gebildetsten seiner Zeitgenossen erhält, nichts bezahlt zu werden braucht.

Eine Universität wird meistens auf die Weise gegründet, dass man eine Subskription von Dollars und Cents eröffnet und dann, während man blindlings bis zum Äußersten den Grundsatz der Arbeitsteilung verfolgt – einen Grundsatz, der nur mit Vorsicht angewendet werden sollte –, einen Unternehmer hinzuzieht, der daraus ein Spekulationsobjekt macht. Der stellt Irländer und andere Arbeiter an, damit sie den Grund legen, während die zukünftigen Studenten sich angeblich zum Besuch der Universität vorbereiten. Für solche Fehler haben dann die nachfolgenden Generationen zu büßen. Ich glaube, dass es sich für die Studenten oder diejenigen, welche derartige Institutionen mit Vorteil benutzen wollen, mehr empfehlen würde, selbst den Grund zu legen. Der Student, der die erwünschte Muße und Zurückgezogenheit dadurch gewinnt, dass er systematisch jeder für den Menschen notwendigen Arbeit aus dem Weg geht, verschafft sich nur eine unedle und uneinträgliche Muße, da er sich um die Erfahrung bringt, durch welche allein die Muße fruchtbringend wird. »Sie wollen aber doch nicht behaupten«, wendet mir jemand ein, »dass die Studenten mit ihren Händen statt mit ihren Köpfen arbeiten sollen?« Das deckt sich allerdings nicht ganz mit dem, was ich sagen wollte, und doch meine ich etwas, was er für etwas sehr Ähnliches halten dürfte. Ich meine, sie sollten nicht Leben spielen oder nur studieren, während der Staat sie bei dieser teuren Spielerei unterstützt, sondern es ernstlich leben vom Anfang bis zum Ende. Wie können Jünglinge das Leben besser verstehen lernen als durch den Versuch? Es will mich bedünken, als ob hierdurch ihr Gehirn geradeso geübt würde wie durch Mathematik. Wenn ich zum Beispiel wünschte, dass ein Junge etwas von Kunst und Wissenschaft verstehe, so würde ich nicht der allgemeinen Regel folgen, d. h., ihn in die Nähe eines gelehrten

Professors schicken, der alles lehrt, nur nicht Lebenskunst. Er lernt dort die Welt durch ein Teleskop oder durch ein Mikroskop, aber nie mit bloßem Auge betrachten, er studiert dort Chemie und weiß nicht, wie Brot gebacken wird, er studiert dort Mechanik und weiß nicht, wie man Brot verdient; er entdeckt neue Trabanten des Neptun, aber nicht das Stäubchen in seinem eigenen Auge oder den Bummler, dessen Trabant er selbst ist. Er wird von Ungeheuern, die ihn rings umschwärmen, aufgefressen, während er die Ungeheuer in einem Tropfen Essig betrachtet. Wer wird am Schluss des Monats die größten Fortschritte gemacht haben, der Junge, der sein Taschenmesser selbst verfertigte, von dem Erze an, das er grub und schmolz, und der nur so viel las, als dazu nötig war – oder derjenige, welcher inzwischen Vorlesungen über Metallurgie an der Universität hörte und von seinem Vater ein rogersches Federmesser geschenkt erhielt? Wer von beiden wird sich wahrscheinlich in den Finger schneiden? … Zu meinem Erstaunen erfuhr ich bei meinem Fortgang von der Universität, dass ich Schiffswesen studiert hatte! Und doch, wenn ich einen einzigen Spaziergang zum Hafen gemacht hätte, würde ich mir darüber reichere Kenntnisse erworben haben. Selbst der arme Student studiert und hört nur Nationalökonomie, während man sich zur Ökonomie des Lebens, die gleichbedeutend mit Philosophie ist, an unseren Universitäten nicht einmal ehrlich bekennt. Die Folge davon ist, dass der Student, während er eifrig Adam, Smith, Ricardo und Say studiert, seinen Vater unentrinnbar in Schulden stürzt.

Wie mit unseren Universitäten, so ist es mit hundert »modernen Verbesserungen«. Illusionen macht man sich über alles, ein positiver Vorteil ergibt sich jedoch nicht immer. Der Teufel verlangt Zinseszins für seine verliehenen Kapitalien bis zur letzten Abschlagszahlung. Unsere Erfindungen sind meistens niedliche Spielsachen, die unsere Aufmerksamkeit von ernsten Dingen ablenken. Sie sind nur verbesserte Mittel zu einem unverbesserten Zweck – zu einem Zweck, der auf die einfachste Weise von vornherein hätte erreicht werden können. Es ist kein Problem, Eisenbahnen nach New York oder nach Boston zu bauen. Wir haben es sehr eilig, eine telegrafische Verbindung zwischen Maine und Texas einzurichten. Aber Maine und Texas haben sich eventuell gar nichts Wichtiges mitzuteilen. Jedes dieser Länder befindet sich in derselben Lage wie jener Mann, der lebhaft wünschte, einer vornehmen, tauben Dame vorgestellt zu werden. Als die Vorstellung erfolgte und das eine Ende ihres Hörapparats ihm in die Hand gegeben wurde, wusste er nichts zu sagen. Als ob es die Hauptsache wäre, schnell zu sprechen statt vernünftig. Wir bemühen uns eifrig, eine telegrafische Verbindung durch den Atlantischen Ozean herzustellen und die Alte Welt der Neuen um einige Wochen näher zu bringen. Die erste Nachricht aber, die auf diese Weise in das breite amerikanische Klapprohr hineintröpfelt, lautet vielleicht: Prinzessin Adelheid hat den Keuchhusten. Kurz und gut – der Mann, dessen Pferd in der Minute eine Meile läuft, braucht darum noch nicht die wichtigsten Nachrichten mitzubringen. Er ist kein Evangelist, noch lebt er von Heuschrecken und wildem Honig. Ich glaube, dass das Rennpferd »Flying Childers« nie einen Sack voll Roggen zur Mühle getragen hat.

Sagt mir da einer: »Ich wundere mich, dass Sie kein Geld zurücklegen! Sie haben am Reisen Freude. Sie können die Eisenbahn benutzen, heute nach Fitchburg fahren und das Land kennenlernen.« Da bin ich denn doch klüger. Ich weiß aus Erfahrung, dass derjenige, welcher zu Fuß geht, am schnellsten reist. Ich sage zu meinem Freunde: »Lass uns einmal versuchen, wer zuerst hinkommt: Dreißig Meilen beträgt die Entfernung, neunzig Cent ist der Fahrpreis. Das ist fast ein Taglohn. Ich kann mich noch recht gut erinnern, dass hier, gerade an dieser Eisenbahnlinie, die Arbeiter sechzig Cent pro Tag erhielten. Also gut: Ich gehe jetzt zu Fuß und treffe dort vor Anbruch der Nacht ein. Ich habe wochenlang solche Märsche gemacht. Sie werden sich inzwischen das Fahrgeld verdienen und dort zu irgendeiner Zeit morgens oder vielleicht auch noch heute Abend eintreffen, vorausgesetzt dass Sie Glück haben und sofort eine Beschäftigung finden. Anstatt nach Fitchburg zu gehen, arbeiten Sie fast den ganzen Tag. Darum glaube ich auch, dass ich Ihnen, selbst wenn die Eisenbahn die ganze Welt umspannen würde, immer voraus sein würde. Was aber die Kenntnisnahme vom Land und andere Erfahrungen anbetrifft – ja, da könnte ich mit Ihnen überhaupt nicht weiter verkehren.«

Das ist das allgemeine Gesetz. Keines Menschen Witz kann es umgehen, und in Bezug auf die Eisenbahn können wir sagen: Es ist so breit wie lang. Eine Eisenbahn um den ganzen Erdball bauen, die für jedermann zur Benutzung frei wäre, hieße die gesamte Oberfläche unseres Planeten planieren. Die Menschen ahnen dunkel, dass, wenn sie eifrig und lange genug Aktiengesellschaften und Schaufeln gebrauchen, schließlich jedermann in fast gar keiner Zeit und umsonst irgendwohin fahren kann. Und wenn auch die Menge zum Bahnhof eilt, wenn auch der Schaffner »Einsteigen« ruft, so wird doch, nachdem der Rauch sich verzogen hat und der

Dampf verweht ist, sich zeigen, dass nur wenige fahren, die Übrigen dagegen überfahren werden. Man pflegt das »ein trauriges Ereignis« zu nennen. Zweifellos können diejenigen schließlich reisen, die ihr Fahrgeld verdient haben – das heißt, wenn sie lange genug am Leben bleiben. Möglicherweise aber haben sie inzwischen ihre Elastizität und Reiselust eingebüßt. Dass man die besten Jahre des Lebens dem Gelderwerb opfert, um sich in den minder wertvollen Jahren einer fragwürdigen Freiheit zu erfreuen, erinnert mich an jenen Engländer, der nach Indien ging, sich dort ein Vermögen verdienen wollte, um nach England zurückzukehren und dort ein Dichterleben führen zu können. Er hätte nur von vornherein in eine Dachkammer ziehen sollen! »Was«, schreien eine Million Irländer aus allen Hütten im Land, »ist die Eisenbahn, die wir gebaut haben, nicht etwas Gutes?« – »Ja«, antworte ich, »etwas relativ Gutes, d. h., Ihr hättet etwas Schlimmeres tun können! Ich aber wünsche, da Ihr ja meine Brüder seid, dass Ihr Eure Zeit zu etwas Besserem verwendet hättet als zum Wühlen im Schmutz.«

Bevor ich meinen Hausbau vollendete, bepflanzte ich, da ich gern zehn oder zwölf Dollar zur Deckung unvorhergesehener Ausgaben auf ehrliche und angenehme Weise verdienen wollte, einen Hektar leichten und sandigen Bodens in der Nähe meines Hauses mit Bohnen, zum kleinsten Teil auch mit Kartoffeln, Weizen, Erbsen und Rüben. Der ganze Besitz betrug 4⅖ Hektar, junge Fichten und weiße Walnussbäume bildeten den Hauptbestand. Der Grund und Boden wurde im vorigen Jahr für 20 Dollar 20 Cent pro Hektar verkauft. Ein Farmer meinte, er sei »zu nichts anderem gut, als piepende Eichhörnchen darauf zu züchten«. Da ich nicht der Besitzer, sondern nur der »Squatter« bin und da ich auch nicht beabsichtigte, in Zukunft wieder so viel Land urbar zu machen, brachte ich überhaupt keinen Dünger hinauf. Auch grub ich nicht gleich alles um. Beim Pflügen kamen einige Klafter Holz zum Vorschein, die mich für lange Zeit mit Feuerung versorgten und kleine Kreise jungfräulicher Humusschicht hinterließen, welche während des Sommers durch das üppigere Wachstum der Bohnen sichtbar blieben. Das trockene und zum größten Teil unverkäufliche Holz hinter meinem Haus sowie das Treibholz aus dem See ergänzten den Rest meines Brennmaterials. Ich musste mir zum Pflügen ein Gespann und einen Mann mieten, obwohl ich den Pflug selbst führte. Meine Ausgaben für die Landwirtschaft – Geräte, Saat und Arbeitslohn – betrugen im ersten Jahr 14 Dollar und 72½ Cent. Die Maissaat erhielt ich geschenkt. Die Kosten hierfür sind überhaupt nicht der Erwähnung wert, es sei denn, dass man mehr als genug pflanzt. Ich erntete zwei Scheffel Bohnen, achtzehn Scheffel Kartoffeln, außerdem Erbsen und süßen Mais. Der gewöhnliche Mais und die Rüben kamen nicht zur Reife, weil sie zu spät gepflanzt waren.

Mein Gesamteinkommen von der Farm betrug	$ 23,44
Meine Ausgaben betrugen	$ 14,72½
Bleibt Rest	$ 8,71½

Nicht eingerechnet ist sowohl der konsumierte als der noch vorhandene Ertrag. Zur Zeit, als dieser Rechnungsabschluss gemacht wurde, betrug der Wert des Letzteren 4½ Dollar. Ich hätte auch noch etwas Gras ernten können, dadurch wäre aber mein Vorrat an Bargeld nicht wesentlich vermehrt worden. Alles in allem, d. h., wenn ich die Wichtigkeit der menschlichen Seele und des heutigen Tages in Rechnung ziehe, glaube ich, dass ich trotz der kurzen Zeit, die mir zu meinem Experiment zur Verfügung stand, ja zum Teil gerade wegen der kurzen Dauer meines Experiments, bessere Resultate erzielt habe als irgendein Farmer in Concord in diesem Jahre.

Im nächsten Jahr ging es jedoch noch besser, denn ich grub all das Land, das ich gebrauchte, um – ungefähr den zehnten Teil eines Hektars. Ich ließ mich nicht im Mindesten durch die vielen berühmten Werke über Landwirtschaft – das von Arthur Young war auch dabei – einschüchtern und lernte durch die Erfahrung zweier Jahre, dass, wenn jemand einfach leben und nur das verzehren will, was er selbst baut, wenn jemand nicht mehr baut, als er isst, und den Ertrag nicht gegen eine ungenügende Menge kostspieliger Luxussachen austauscht, er nur ein paar Quadratmeter Bodenfläche zu bepflanzen braucht. Ich erkannte ferner, dass es billiger ist, das Land umzugraben, anstatt Ochsen zum Pflügen zu benutzen, ja dass es auch billiger ist, von Zeit zu Zeit einen neuen Fleck Landes zu bebauen, als den alten zu düngen, dass man alle notwendige Landarbeit sozusagen mit der linken Hand in Mußestunden zur Sommerzeit verrichten kann, ohne auf diese Weise an einen Ochsen, an ein Pferd, eine Kuh oder an ein Schwein gebunden zu sein, wie das heutzutage der Fall ist. Ich wünsche unparteiisch über diesen Punkt zu sprechen, als einer, der nicht an dem Erfolg oder Misserfolg der heutigen ökonomischen und sozialen Verhältnisse interessiert ist. Ich war unabhängiger als irgendein Farmer in Concord, denn ich war nicht an ein Haus oder an eine Farm verankert. Ich konnte, im Gegenteil, den Stimmungen meines Genius, die oft genug wechseln, in jedem Augenblick folgen. Ganz abgesehen davon, dass ich bereits reicher war als sie, wäre ich, falls mein Haus abgebrannt und meine Ernte missraten wäre, fast geradeso reich gewesen wie zuvor.

Ich kann mich des Gedankens nicht erwehren, dass die Menschen nicht so sehr die Herren ihrer Herden sind als die Herden die Herren der Menschen. Die Herden sind bei Weitem freier. Menschen und Ochsen tauschen ihre Arbeit aus. Wenn wir aber nur die nötige Arbeit in Rechnung ziehen, scheinen die Ochsen bedeutend im Vorteil zu sein: Ihr Grundbesitz ist bei Weitem größer. Der Mensch verrichtet einen Teil seiner Tauscharbeit in sechs Heuwochen, und das ist kein Kinderspiel. Ein Volk, das in jeder Beziehung einfach lebt, d. h. ein Volk von Philosophen, würde sicherlich nicht den großen Fehler begehen und die Arbeit von Tieren verwerten. Allerdings – es gab nie ein Volk von Philosophen, und es ist nicht wahrscheinlich, dass es bald eines geben wird. Ich bin auch durchaus nicht sicher, ob das wünschenswert wäre. Das aber weiß ich: Ich würde nie ein Pferd oder einen Stier abrichten und in Kost nehmen für irgendwelche Arbeit, die sie für mich tun könnten, schon aus Angst davor, dass ich zum bloßen Pferdeknecht oder Viehhüter werden könnte. Und wenn die menschliche Gesellschaft zu gewinnen scheint, indem sie es tut, sind wir dann auch sicher, dass, was für den einen Gewinn bringt, nicht für den anderen Verlust bedeutet, dass der Stalljunge aus demselben Grund zufrieden ist wie sein Herr? Zugegeben, dass einige öffentliche Arbeiten nicht ohne diese Hilfe hätten ausgeführt werden können – der Mensch möge den Ruhm davon mit Ochsen und Pferden teilen –, folgt daraus, dass er in diesem Fall nicht Werke hätte vollenden können, die seiner selbst noch würdiger gewesen wären? Wenn die Menschen anfangen, mithilfe der Tiere nicht nur unnötige oder künstliche, sondern auch törichte Luxusarbeit zu verrichten, ist es unvermeidlich, dass einige von ihnen alle Arbeit mit den Ochsen austauschen, oder mit anderen Worten, die Sklaven des Stärksten werden. So arbeitet der Mensch nicht nur für das Tier, das in ihm wohnt, sondern – symbolisch – auch für das Tier außer ihm. Obwohl wir in diesem Ort viele fest gebaute Häuser aus Sandstein oder Ziegelstein haben, wird doch der Wohlstand des Farmers immer noch danach eingeschätzt, wie hoch der Stall das Haus überragt. In diesem Stadtbezirk hier sollen sich die größten Häuser für Ochsen, Kühe und Pferde befinden, und dabei stehen seine öffentlichen Gebäude auf der Höhe der Zeit. In diesem Land gibt es dagegen nur sehr wenige Hallen für freien Gottesdienst oder für freie Rede. Wäre es nicht wünschenswerter, dass die Völker, anstatt durch ihre Architektur, vielmehr durch die Kraft des abstrakten Gedankens ein Denkmal sich errichteten? Wie viel mehr muss man die *Bhagavad-Gita* bewundern als alle Ruinen des Morgenlands! Türme und Tempel sind die Luxusgegenstände der Fürsten. Ein einfacher und unabhängiger Charakter plagt sich nicht auf Befehl eines Fürsten ab. Das Genie ist kein Hofschranze, und sein Material besteht nicht in Silber oder Gold oder Marmor, jedenfalls nur zum kleinsten Teil. Wozu, um des Himmels willen, wird so viel Stein verarbeitet? In Arkadien sah ich zur Zeit meines Aufenthalts niemand, der Steine klopfte. Die Völker sind von dem wahnsinnigen Ehrgeiz ergriffen, ihr Andenken durch einen Haufen behauener Steine zu erhalten. Wir wäre es, wenn sie sich ebenso viel Mühe gäben, ihre Sitte zu glätten und zu polieren? Ein verständiger Gedanke ist denkwürdiger als ein Denkmal, das bis zum Mond reicht. Ich sehe Steine lieber an ihrem natürlichen Platz. Die Größe Thebens war eine gemeine Größe. Vernünftiger als das hunderttorige Theben, das weit vom wahren Zweck des Lebens abwich, sind ein paar Meter Mauerwerk, die eines ehrlichen Mannes Acker umgeben. Barbarische und heidnische Religion und Zivilisation haben prächtige Tempel gebaut. Das kann man vom sogenannten Christentum nicht behaupten. Die meisten Steine, die von einem Volk zugehauen werden, finden nur bei seinem Grab Verwendung. Es begräbt sich selbst lebendig. Was die Pyramiden anbelangt, so erregt an ihnen nichts so sehr das Erstaunen als die Tatsache, dass sich so viele Menschen fanden, die verkommen genug waren, ihr Leben zur Erbauung eines Grabes für irgendeinen ehrgeizigen Hansnarren herzugeben. Besser und männlicher wäre es gewesen, man hätte den Tölpel in den Nil und seinen Leichnam hernach vor die Hunde geworfen. Ich könnte vielleicht für sie und für ihn eine Entschuldigung erfinden, aber ich habe keine Zeit dazu. Was die Religion und die Kunstliebe der Erbauer betrifft, so ist es auf der ganzen Welt einerlei, ob das Gebäude ein ägyptischer Tempel oder die Bank der Vereinigten Staaten ist. Es kostet mehr, als es wert ist. Den Hauptantrieb bildet die Eitelkeit im Verein mit der Vorliebe für Knoblauch mit Butter und Brot. Mr Balcom, ein vielversprechender junger Architekt, zeichnet den Entwurf mit hartem Bleistift und mit Lineal hinten auf seinen Vitruvius, und die Ausführung der Arbeit wird »Dobson und

Sohn, Bauunternehmer«, übertragen. Wenn dann dreißig Jahrhunderte darauf herabblicken, fängt die Menschheit an, daran hinaufzublicken. Noch ein Wort über Eure hohen Türme und Monumente: Es war einmal in dieser Stadt ein verrückter Bursche, der sich bis nach China durchgraben wollte. Er kam so weit, dass er, seiner Behauptung nach, die chinesische Töpfe und Kessel klappern hören konnte. Ich werde keinen Umweg machen, um das Loch zu bewundern, das er grub. Viele beschäftigen sich mit Untersuchungen über die Monumente des Morgen- und des Abendlands, wollen wissen, wer sie erbaute. Ich für meinen Teil möchte gern wissen, wer sie damals nicht baute – wer über solche Torheiten erhaben war. Doch ich will mit meiner Statistik fortfahren.

Da ich so viele Gewerbe treibe, wie ich Finger habe, verdiente ich mir inzwischen im Dorf durch Landvermessungen, Tischlerei und als Tagelöhner 13 Dollar und 34 Cent. Die folgende Zusammenstellung verzeichnet die Ausgaben für Nahrungsmittel im Verlauf von acht Monaten – vom 4. Juli bis zum 1. März – bis zu der Zeit also, wo dieser Rechnungsabschluss gemacht wurde. Ich erwähne nebenbei, dass ich länger als zwei Jahre hier lebte und dass ich Kartoffeln, eine kleine, von mir gezogene Quantität an grünem Mais und Erbsen ebenso wenig in Rechnung ziehe als das, was bei der letzten Zusammenstellung noch vorhanden war.

Reis	\$ 1,73½
Melassensirup (billigste Saccharinform)	\$ 1,73
Roggenmehl	\$ 1,04¾
Maismehl (billiger als Roggenmehl)	\$ 0,99¾
Schweinefleisch	\$ 0,22

Weizenmehl (kostet mehr Geld und Arbeit als Maismehl)	$ 0,88	Alles Experimente, die misslangen.
Zucker	$ 0,80	
Speck	$ 0,65	
Äpfel	$ 0,25	
Gedörrte Äpfel	$ 0,22	
Süßkartoffeln	$ 0,10	
Ein Kürbis	$ 0,06	
Eine Wassermelone	$ 0,02	
Salz	$ 0,03	

Ja, ich verzehrte tatsächlich alles in allem 8 Dollar und 74 Cent. Ich würde jedoch nicht ohne Erröten mein Vergehen veröffentlichen, wenn ich nicht wüsste, dass die meisten meiner Leser ebenso schuldig sind wie ich, dass ihre Taten – gedruckt – keineswegs besser aussehen würden als die meinen. Im nächsten Jahr fing ich mir ab und zu ein Gericht Fische für mein Mittagessen, ja einmal ließ ich mich sogar dazu verleiten, ein Murmeltier, das mein Bohnenfeld verwüstet hatte, zu schlachten – ein Tatar würde sagen: seine Seelenwanderung zu veranlassen – und es zu verzehren, schon des Versuchs wegen. Ich hatte dadurch zwar, trotz des moschusartigen Geschmacks, einen momentanen Genuss, sah aber ein, dass ich mich selbst in langer Zeit nicht daran gewöhnen würde, selbst wenn der Schlachter im Dorf es noch so gut herrichten würde.

Kleidung und einige unvorhergesehene Ausgaben, über welche dieses »Item« indessen nur geringen Aufschluss gibt,

kosteten	$ 8,40¾
Öl und einige Haushaltungsgegenstände	$ 2,00.

Wenn ich die Unkosten für Waschen und Flicken, was zum größten Teil außerhalb des Hauses besorgt wurde, nicht einrechne – die Rechnungen dafür sind übrigens bislang noch nicht eingelaufen –, so betrugen meine Gesamtausgaben

Haus	$ 28,12½
Landwirtschaft (ein Jahr)	$ 14,72⅓
Essen (8 Monate)	$ 8,74
Kleidung usw. (8 Monate)	$ 8,40¾
Öl usw. (8 Monate)	$ 2,00
Summa:	$ 61,99¾

Und das sind alle, ja mehr als alle Wege, auf denen in diesem Teil der Welt das Geld notwendigerweise ausgegeben wird.

Ich wende mich nunmehr an diejenigen meiner Leser, die einen Lebensunterhalt erwerben wollen. Um mir meinen Unterhalt zu verdienen, verkaufte ich die Erträgnisse meiner Farm für

	$ 23,44
nahm an Taglohn ein	$ 13,34
Summa:	$ 36,78

Ziehe ich diesen Betrag von der Summe meiner Ausgaben ab, ergibt sich ein Überschuss von Dollar 25,21 ¾, d. h. ein Betrag, der fast genau meinem ursprünglichen Betriebskapital entsprach. Außerdem aber besaß ich, abgesehen von Muße und Unabhängigkeit und Gesundheit, ein bequemes Haus, das ich, solange als es mir gefiel, bewohnen konnte.

Wenn diese Rechnungsablage auch individuell und daher nicht instruktiv erscheinen mag, hat sie doch eine gewisse Vollständigkeit und daher auch einen gewissen Wert. Nichts wurde mir zuteil, über das ich nicht Rechenschaft abgelegt hätte. Aus der vorhergehenden Zusammenstellung ist ersichtlich, dass meine Nahrung allein mich an Bargeld ungefähr 27 Cent wöchentlich kostete. Sie bestand fast zwei Jahre lang nach diesem Zeitpunkt aus Roggen- und Weizenmehl ohne Hefe, aus Kartoffeln, Reis, einer kleinen Menge gesalzenen Schweinefleisches, Melasse, Salz und Trinkwasser. Ich wäre eigentlich der Mann gewesen, der ganz von Reis hätte leben sollen, da ich die Philosophie Indiens so sehr liebe. Um den Einwänden einiger verknöcherter Sophisten zuvorzukommen, will ich gleich von vornherein betonen, dass ich bisweilen auswärts aß – das war von jeher meine Gewohnheit, und ich hoffe, Gelegenheit zu haben, es wieder zu tun –, dass dadurch aber meine Hausordnung häufig benachteiligt wurde. Da das Auswärtsessen jedoch, wie ich schon sagte, ein konstanter Faktor war, wird diese vergleichende Zusammenstellung dadurch nicht im Mindesten beeinflusst.

Ich lernte durch meine zweijährige Erfahrung, dass es selbst unter diesem Breitengrade unglaublich wenig Mühe macht, sich seine notwendige Nahrung zu verschaffen, dass der Mensch eine so einfache Diät wie das Tier gebrauchen und doch Gesundheit und Stärke behalten kann. Ich stellte mir ein befriedigendes Mittagessen her – befriedigend in verschiedener Hinsicht –, welches aus einem Gericht Portulak *(Portulaca oleracea)* bestand, den ich in meinem Maisfeld sammelte, kochte und salzte. Ich setze den lateinischen Namen hinzu, weil die landläufige Bezeichnung sofort Wohlgeschmack erweckt. Was kann denn, um des Himmels willen, ein verständiger Mensch in Friedenszeiten am Alltag mehr verlangen als eine genügende Anzahl süßer und grüner gekochter Maiskolben und etwas Salz dazu? Selbst die kleine Abwechslung, die ich mir gestattete, war ein Zugeständnis an die Ansprüche des Appetits, nicht an die der Gesundheit. Doch die Menschen sind schon in solch traurige Zustände gekommen, dass sie oft verhungern, nicht weil die notwendigen Lebensmittel, sondern weil die Leckerbissen fehlen. Ich kenne eine brave Frau, die da glaubt, dass ihr Sohn starb, weil er nur Wasser trank.

Der Leser merkt schon, dass ich den Gegenstand mehr vom ökonomischen als vom diätetischen Standpunkt aus behandle, und er wird es nicht wagen, meine Enthaltsamkeit auf die Probe zu stellen, es sei denn, dass er eine wohlgefüllte Speisekammer besitzt.

Brot machte ich zuerst aus reinem Maismehl und Salz. Ich pflegte echte Reismehlkuchen über meinem Feuer im Freien auf einer Schindel oder auf einem Stück abgesägten Bauholzes, das beim Hausbau übrig geblieben war, zu backen. Sie wurden jedoch regelmäßig rauchig und hatten einen harzigen Geschmack. Ich versuchte es auch mit Weizenmehl. Schließlich fand ich aus, dass eine Mischung von Roggen- und Maismehl am zweckmäßigsten und angenehmsten sei. Bei kaltem Wetter war es kein kleines Vergnügen, mehrere dieser kleinen Laibchen nacheinander zu backen, wobei ich sie so sorgsam hütete und drehte wie der Ägypter seine Bruteier. Es waren wirkliche cereale Früchte, die ich zur Reife brachte. Sie hatten für mich einen Duft wie andere edle Früchte. Ich bewahrte sie, in Tücher gewickelte, so lang wie möglich. Ich studierte die antike und unentbehrliche Kunst der Brotbereitung und zog die Autoritäten, die mir zu Gebote standen, zurate. Ich ging bis zu den ältesten Zeiten, bis zur ersten Erfindung der ungesäuerten Art zurück, bis zu jenen Zeiten, wo die Menschen an die Stelle einer groben Ernährung durch Nüsse und Fleisch diese milde und feine Diät setzen. Ich studierte das ganze Gebiet: zuerst das zufällige Sauerwerden des Teiges, wodurch vermutlich der Gärungsprozess entdeckt wurde, sodann die verschiedenen Gärungsverfahren und schließlich die Bereitung des »guten, süßen, gesunden Brotes«, das da ist der Stab des Lebens. Hefe, welche von manchem für die Seele des Brotes gehalten wird, für den »Spiritus«, der des Brotes Zellengewebe erfüllt, und die ängstlich gehütet wird wie das vestalische Feuer – eine Flasche, voll dieses kostbaren Stoffes, die vermutlich an Bord der Mayflower[9] herübergebracht wurde, versorgte Amerika, und ihre Wirkung steigt, schwillt an und breitet sich immer mehr in Getreidewellen über das Land aus –, diesen Samen also verschaffte ich mir regelmäßig und getreulich aus dem Dorf, bis ich schließlich eines Morgens die Regeln außer Acht ließ und meine Hefe verbrühte. Durch diesen Zufall entdeckte ich, dass auch sie nicht unumgänglich notwendig sei – denn meine Entdeckungen wurden nicht durch das synthetische, sondern durch das analytische Verfahren gemacht –, und seit diesem Tag habe ich sie zu meiner Freude nicht mehr verwendet, obwohl mir viele Hausfrauen allen Ernstes zu beweisen suchten, dass es ein unschädliches und gesundes Brot ohne Hefe nicht gäbe, während alte Leute einen raschen Verfall meiner Lebenskräfte voraussagten. Dennoch bin ich der Ansicht, dass die Hefe keinen wesentlichen Bestandteil bildet. Auch bin ich, trotzdem ich sie ein Jahr lang nicht verwendete, noch immer im Land der Lebenden. Ich freue mich sogar, der öden Plage entronnen zu sein, in meiner Tasche eine Flasche tragen zu müssen, die manchmal zu meinem großen Ärger loszupuffen und ihren Inhalt umherzuspritzen pflegte. Einfacher und würdiger ist es, solche Dinge zu unterlassen. Der Mensch ist ein Tier, das sich besser als irgendein anderes Wesen an alle Klimate und Verhältnisse anpassen kann. Auch setzte ich weder Salz, Soda noch andere Säuren oder Alkalien zu meinem Brot. Wie es scheint, arbeitete ich nach einem Rezept, das Marcus Portius Cato zwei Jahrhunderte vor Christi Geburt zusammenstellte: »*Panem depsticium sic facito. Manus mortariumque bene lavato. Farinam in mortarium indito, aquae paulatim addito, subigitoque pulchre. Ubi bene subegeris, defingito, coquitoque sub testu.*« Meiner Ansicht nach heißt das: »Mache folgendermaßen geknetetes Brot: Wasche Deine Hände und den Backtrog gut. Schütte das Mehl in den Backtrog und knete es unter allmählichem Wasserzusatz gründlich. Wenn Du es gut geknetet hast, forme es und backe es unter einem Deckel«, d. h. in einem Backofen. Hefe wird mit keinem Wort erwähnt. Aber ich benutzte nicht immer diesen Stab des Lebens. Einmal bekam ich wegen der Leere meines Geldbeutels länger als einen Monat nichts davon zu sehen.

Jeder Neuengländer könnte leicht seinen ganzen Brotbedarf in diesem Land voll Roggen und Mais selbst ernten und brauchte nicht von einem weit entlegenen und schwankenden Markt abzuhängen. Doch so sehr sind wir von Einfachheit und Unabhängigkeit entfernt, dass – in Concord – frisches Maismehl selten in den Läden verkauft wird, grobes Maismehl und ungemahlener Mais überhaupt selten von jemandem benutzt werden. Meistens gibt der Farmer seinen Kühen und Schweinen das selbst gezogene Getreide und kauft teureres, aber sicher nicht gesünderes Mehl im Laden. Ich sah, dass ich leicht ein paar Scheffel Roggen oder Mais bauen konnte, denn Roggen wächst selbst auf dem magersten Land, und Mais bedarf nicht des besten Bodens. Ich erkannte ferner, dass ich das Getreide eigenhändig in einer Handmühle mahlen und somit ohne Reis und Schweinefleisch existieren konnte. Und da ich irgendeinen konzentrierten Stoff zum Süßen haben musste, fand ich durch mein Experimentieren, dass ich einen ausgezeichneten Sirup entweder aus Kürbissen oder aus Rüben herstellen konnte. Ich wusste auch, dass ich nur ein paar Ahornbäume zu pflanzen brauchte, um ihn mir noch leichter zu verschaffen. Während sie heranwuchsen, hätte ich noch manche andere Ersatzmittel außer den bereits erwähnten benutzen können. »Denn«, so sangen unsere Vorfahren:

> »Wir brauen Liköre nach unserem Belieben
> Aus Walnussbaumrinde, aus Kürbis und Rüben.«

Was schließlich das Salz betrifft, das gröbste der Gewürze, so bietet sich mir ein Anlass, an die See zu reisen, um es zu holen. Wenn ich es aber überhaupt nicht gebrauche, werde ich wahrscheinlich desto weniger Wasser trinken. Meines Wissens haben die Indianer sich niemals um den Besitz von Salz bemüht.

Ich könnte also alles Handeln und Tauschen vermeiden, soweit meine Nahrung in Betracht kommt, und da ich bereits eine Wohnstätte habe, bleibt mir nur übrig, Kleidung und Feuerung zu besorgen. Die Hosen, die ich jetzt trage, wurden in einer Farmerfamilie gewebt – dem Himmel sei Dank, dass noch so viel Tugend in der Menschheit lebt. Meines Erachtens ist der Fall vom Landmann zum Fabrikarbeiter geradeso groß und bemerkenswert wie der des Menschen zum Landmann. In einem neuen Land gibt es Feuerung im Überfluss. Wenn man mir nicht mehr gestatten würde, als »Squatter« zu leben, könnte ich, was den Wohnsitz betrifft, ungefähr 3/5 Hektar zu demselben Preis kaufen, um welchen das Land, das ich bebaue, verkauft wurde – nämlich um 8 Dollar und 8 Cent. Unter den obwaltenden Verhältnissen bin ich jedoch der Ansicht, dass ich als »Squatter« den Wert des Landes erhöhe.

Es gibt eine gewisse Kategorie von Ungläubigen, die bisweilen fragen, ob ich glaube, von Pflanzenkost allein leben zu können. Und um das Problem gleich bei der Wurzel anzupacken – denn die Wurzel ist Glaube –, pflege ich zu antworten, dass ich auch von Bretternägeln leben könne. Wenn sie das nicht begreifen, dann begreifen sie vieles nicht, was ich zu sagen habe. Ich für meine Person höre mit Freude, dass Versuche dieser Art bereits angestellt wurden, dass ein junger Mann z. B. 14 Tage lang von hartem, ungekochtem Mais, vom Feld gepflückt, zu leben versuchte, wobei ihm seine Zähne als Mühlsteine dienten. Das Geschlecht der Eichhörnchen machte das gleiche Experiment mit Erfolg. An diesen Versuchen ist das Menschengeschlecht interessiert, wenn auch ein paar alte Weiber, die zu solchen Dingen unfähig sind und ererbte Mühlenaktien besitzen, darüber in Aufregung geraten.

Meine Einrichtungsgegenstände, die ich mir zum Teil selbst anfertigte – das Übrige, was ich bei meiner Zusammenstellung nicht berücksichtigte, kostete mich nichts –, bestanden aus einem Bett, einem Schreibpult, drei Stühlen, aus einem 3 Zoll im Durchmesser großen Spiegel, aus einer Feuerzange und einem Rost, einem Kessel, einem Kochtopf, einer Bratpfanne, einem Schöpfer, einem Waschnapf, aus zwei Messern und zwei Gabeln, drei Tellern, aus einem Becher, einem Krug für Öl, einem Krug für Melasse und aus einer lackierten Lampe. Niemand ist so arm, dass er auf einem Kürbis sitzen muss. Das wäre Hilflosigkeit. Eine Menge solcher Stühle, wie ich sie gern mag, sind in den Dachkammern des Dorfs um das Forttragen zu haben. Möbel! Gott sei Dank! Ich kann sitzen, und ich kann stehen ohne die Hilfe eines Möbelladens. Welcher Mensch, der kein Philosoph ist, würde sich nicht schämen, wenn er seine Möbel auf einen Karren gepackt und durch das Land gefahren sähe, dem Licht des Himmels und dem Auge der Menschheit ausgesetzt – »einen bettelhaften Prunk von leeren Büchsen«. Ich konnte niemals sagen, wenn ich solch eine Wagenladung sah, ob sie einem sogenannten reichen oder einem armen Mann gehörte. Der Besitzer schien mir mit Armut geschlagen. Wahrhaftig, je mehr solcher Dinge man besitzt, desto ärmer ist man. Jede Ladung sieht aus, als bestände sie aus dem Inhalt von einem Dutzend Hütten. Wenn aber eine Hütte arm ist, dann ist ein Dutzend ein dutzendmal so arm. Du lieber Himmel, warum ziehen wir denn überhaupt um? Doch nur um unsere Möbel, unsere *exuviae*, loszuwerden, um schließlich von dieser Welt in eine andere, neu eingerichtete zu wandern und die alte zum Verbrennen zurückzulassen. Es ist geradeso, als ob dieser ganze Krempel an eines Mannes Gürtel geschnallt wäre, sodass er nicht durch dieses raue Land ziehen kann, wohin ihn sein Los verschlagen hat, ohne ihn mitzuschleppen – seine Falle mitzuschleppen. Der Fuchs, der seinen Schwanz in der Falle ließ, konnte von Glück sagen. Die Moschusratte nagt sich drei Beine ab, um die Freiheit wiederzugewinnen. Kein Wunder, dass die Menschen ihre Elastizität eingebüßt haben. Wie oft sitzen sie in der Patsche! »Gestatten Sie mir gütigst, mein Herr, Sie zu fragen: Was verstehen Sie unter dem Ausdruck »Patsche«? Wenn Du ein Seher bist, siehst Du bei jeder Begegnung mit einem Menschen stets alles, was er besitzt, hinter ihm, ja sogar alles, was er vorgibt zu besitzen, mitsamt seinem ganzen Küchengerät und mit all dem Plunder, den er sorgsam bewahrt und nicht verbrennen will. Vor dieses Gerümpel scheint er selbst gespannt zu sein und daran zu ziehen mit allen Kräften. Meiner Ansicht nach sitzt der Mensch in der Patsche, der durch ein Astloch oder durch ein Tor gekrochen ist und nun seine Schlittenladung Möbel nicht nachziehen kann. Ich fühle nur Mitleid, wenn ich höre, dass ein netter, wohlgebauter, scheinbar freier, mutiger Mann von seinen »Möbeln« spricht und ob sie versichert sind oder nicht. »Doch was soll ich mit meinen Möbeln anfangen?« Mein lustiger Schmetterling hat sich in einer Spinne Netz verfangen. Selbst diejenigen, von denen man lange Zeit glaubte, sie hätten keine Möbel, kann man bei genauem Nachforschen überführen, dass sie irgendetwas in irgendeines Mannes Scheune zum Aufbewahren gegeben haben. England von heutzutage kommt mir vor wie ein alter Herr, der mit einer Fülle von Gepäck reist, von Gerümpel, das sich während vieler Jahre in seinem Haushalt ansammelte und das zu verbrennen er nicht den Mut hat: großer Koffer, kleiner Koffer, Hutschachtel und Bündel. Wirf wenigstens die ersten drei beiseite! Es würde heutzutage die Kräfte eines gesunden Mannes übersteigen, wenn er mit seinem Bett auf den Schultern wandern wollte; ich würde daher einem Kranken dringend anraten, sein Bett liegen zu lassen und zu laufen. Jedes Mal, wenn ich einen Einwanderer sah, der dahinschwankte unter dem Bündel, das all sein Hab und Gut enthielt – es sah aus wie ein ungeheurer Buckel, der hinten aus dem Nacken herauswuchs –, habe ich ihn bemitleidet, nicht weil das all seine Habe war, sondern weil er alles das zu schleppen hatte. Wenn ich schon meine Falle zu tragen habe, will ich dafür sorgen, dass sie leicht ist und meine Lebenskräfte nicht wegschnappt.

Vielleicht wäre es aber doch am klügsten, seine Pfote überhaupt nicht hineinzustecken.

Ich möchte nebenbei bemerken, dass mich Vorhänge nichts kosten, denn ich brauche mich nur vor der Neugier von Sonne und Mond zu schützen, und die können meinetwegen gern hineinschauen. Der Mond wird meine Milch nicht sauer machen und mein Fleisch nicht verderben, und die Sonne wird weder meinen Möbeln schaden noch meinen Teppich bleichen, und wenn sie bisweilen als allzu warme Freundin sich erweisen sollte, halte ich es immerhin für noch vorteilhafter, sich hinter einen Vorhang zurückzuziehen, den die Natur geschaffen hat, als auch nur einen einzigen Gegenstand meiner Wohnungseinrichtung hinzuzufügen. Eine Dame bot mir einmal eine Matte an. Ich hatte aber keinen Platz dafür, auch weder drinnen noch draußen Zeit, sie auszuklopfen. Darum lehnte ich das Anerbieten ab und zog vor, meine Füße auf dem Nasenboden vor meiner Haustür zu reinigen. Man fährt am besten, wenn man den Anfang des Übels vermeidet. Vor einiger Zeit wohnte ich einer Auktion bei: Die Einrichtung eines Geistlichen wurde versteigert, der sich in seinem Leben gut einzurichten verstanden hatte. –

»Was Menschen Übels tun, das überlebt sie.«

Wie fast regelmäßig war es zum größten Teil Gerümpel, das schon zu seines Vaters Zeiten sich anzusammeln begonnen hatte. Unter anderem sah man dort auch einen getrockneten Bandwurm. Und jetzt, nachdem das Gelumpe ein halbes Jahrhundert auf dem Speicher oder in anderen Staubhöhlen gelegen hatte, wurde es nicht verbrannt. Anstatt eines Freudenfeuers, einer reinigenden Zerstörung, gab es eine Auktion, eine Vermehrung. Die Nachbarn waren voll Interesse zusammengekommen, um die Dinge anzuschauen. Sie kauften alles an und brachten es behutsam in ihre Speicher und Staubhöhlen, wo es liegen bleibt, bis ihr Nachlass geordnet wird. Dann beginnt die Wanderschaft aufs Neue. Jedes Mal, wenn ein Mensch stirbt, wird der Staub von seinen Möbeln aufgewirbelt.

Es wäre vielleicht für uns von Nutzen, wenn wir die Sitten mancher wilden Völker nachahmten. Denn sie vollziehen alljährlich – wenigstens symbolisch – ihre Häutung. Dieser Vorgang existiert in ihrer Vorstellung, nicht in Realität. Wäre es nicht gut, wenn wir solch ein »Busk«, solch ein »Fest der Erstlinge«, feierten, wie nach Bartrams Beschreibung die Mucclasse-Indianer zu veranstalten pflegten? »Wenn sie das Busk feiern«, erzählt er, »schaffen die Einwohner zunächst neue Kleider, Töpfe, Pfannen und andere Haushaltungsgegenstände und Möbel für jedermann an. Dann werden alle alten Kleider und andere schmutzige Dinge zusammengeschleppt, die Häuser und Straßen gekehrt und geputzt und die ganze Stadt vom Schmutz gesäubert. Aller Schmutz wird darauf zugleich mit dem übrig gebliebenen Getreide und mit anderen alten Vorräten auf einen Haufen zusammengeschleppt und verbrannt. Nachdem die Einwohner Arznei genommen und drei Tage gefastet haben, wird jegliches Feuer in dem Städtchen ausgelöscht. Während der Fastenzeit darf weder der Appetit noch irgendeine Leidenschaft gestillt werden. Eine allgemeine Amnestie wird erlassen, alle Verbrecher dürfen ins Städtchen zurückkehren.«

»Am Morgen des vierten Tages erzeugt der Hohepriester durch Reiben von trockenem Holz aufs Neue Feuer auf dem Versammlungsplatz. Von dort aus wird jeder Einwohner der Stadt mit einer neuen reinen Flamme versorgt.«

»Dann gibt's ein Festessen, frischen Mais und frisches Obst, Tanz und Gesang drei Tage lang. An den vier folgenden Tagen empfangen sie Besuche und sind froh mit ihren Freunden aus den benachbarten Orten, welche auf die gleiche Weise sich geläutert und vorbereitet haben.«

Auch die Mexikaner nahmen eine ähnliche »Reinigung« jedes Mal nach Ablauf von 25 Jahren vor. Sie glaubten, dass jetzt die Zeit des Weltuntergangs herangekommen sei. Eine ehrlichere religiöse Zeremonie als diese ist mir wohl kaum bekannt, wenn ich von religiöser Zeremonie in dem Sinne rede, wie sie etwa in einem Lexikon definiert wird, nämlich als »äußeres und sichtbares Zeichen einer inneren und geistigen Gnade.« Auch glaube ich sicherlich, dass diese Wilden ursprünglich direkt vom Himmel zu solcher Handlung inspiriert wurden, wenn sie auch keinen biblischen Bericht über die Offenbarung besitzen.

Mehr als fünf Jahre lang schlug ich mich auf diese Weise einzig und allein durch meiner Hände Arbeit durch, und ich fand, dass eine Arbeitszeit von sechs Wochen im Jahr zur Deckung aller Ausgaben im Verlauf eines ganzen Jahres ausreichte. Den ganzen Winter und den größten Teil des Sommers konnte ich ohne Einschränkung dem Studium widmen. Mit der Schulmeisterei hatte ich es gründlich versucht, war aber zu der Erkenntnis gekommen, dass meine Ausgaben im Verhältnis oder vielmehr nicht im Verhältnis zu meinen Einnahmen standen. Ich musste mich standesgemäß kleiden, standesgemäß leben – vom Denken und Glauben will ich gar nicht reden –, und obendrein verlor ich Zeit bei dem Geschäft. Da ich nicht zum Wohl meiner Mitmenschen lehrte, sondern nur um mir meinen Lebensunterhalt zu verdienen, musste ein Misserfolg eintreten. Mit dem Handel habe ich es ebenfalls versucht. Doch ich erkannte, dass zehn Jahre erforderlich sind, den Weg zum Glück hierbei zu finden, und dass man dann wahrscheinlich nahe daran ist, den Weg zum Teufel zu gehen. Ich hatte wirklich Angst, dass ich nach dieser Zeit ein sogenanntes gutes Geschäft besitzen würde. Wenn ich in früheren Tagen nach einem Lebensunterhalt mich umsah, dachte ich oftmals und allen Ernstes daran, Heidelbeeren zu pflücken. Ich hatte damals einige betrübende Erfahrungen gemacht, weil ich den Wünschen meiner Freunde nachgab, und die Erinnerung daran war noch frisch genug in meiner Erinnerung, um meine Naivität zu erschüttern. Das Beerenpflücken konnte ich sicherlich ausführen, und der geringe Verdienst hätte genügt. Mein größtes Talent war von jeher meine Bedürfnislosigkeit. Auch dachte ich Tor, es sei nur ein geringes Kapital dazu nötig und die Ablenkung von meinen gewohnten Beschäftigungen sei nicht der Rede wert. Während meine Bekannten ohne Zaudern dem Handel oder dem Studium sich widmeten, hielt ich die Beschäftigung mit »Heidelbeerenpflücken« für eine ganz ähnliche. Ich würde den ganzen Sommer hindurch die Hügel durchstreifen, die Beeren, die ich erblickte, pflücken, sie hernach sorglos verkaufen und so die Herden des Admetus hüten. Ich dachte auch daran, wilde Kräuter zu sammeln oder Immergrün solchen Dorfbewohnern zu verkaufen, die gern an den Wald erinnert sein wollten, ja ich beabsichtigte sogar, es in Heuwagenladungen in die Stadt zu fahren. Doch inzwischen habe ich gelernt, dass der Handel seiner Ware stets zum Fluch wird. Und wenn Ihr selbst mit Botschaften vom Himmel handelt, der ganze Fluch des Handels ist auch diesem Geschäft gesellt.

Da ich manche Dinge anderen vorzog und hauptsächlich meine Freiheit hoch schätzte, da ich aufs Bescheidenste leben und doch mein Glück erringen konnte, wollte ich meine Zeit wenigstens jetzt noch nicht dazu verwenden, mir kostbare Teppiche und schöne Möbel, Delikatessen oder ein Haus im griechischen oder im gotischen Stil zu verdienen. Wenn irgendjemand, ohne abgelenkt zu werden, solche Sachen erwerben kann und das Erworbene zu benutzen versteht, überlasse ich diese Beschäftigungen gern. Manche Menschen sind »arbeitsam«, scheinen die Arbeit um ihrer selbst willen zu lieben oder weil sie dadurch von gröberem Unfug abgehalten werden. Diesen habe ich augenblicklich nichts zu sagen. Wer aber wissen will, was er mit noch mehr Muße, als er schon hat, anfangen soll, dem gebe ich den Rat, doppelt angestrengt zu arbeiten. Er soll arbeiten, bis er sich selbst so viel Geld verdient hat, dass er sich freikaufen kann, bis er seinen Freibrief in Händen hält. Ich selbst habe erkannt, dass die Beschäftigung des Taglöhners die unabhängigste von allen war, zumal da man nur 30 oder 40 Tage im Jahr zu arbeiten braucht, um seinen Lebensunterhalt zu verdienen. Geht die Sonne unter, hört des Taglöhners Arbeit auf. Er kann dann in Freiheit sich seinen Neigungen widmen, die mit seiner Arbeit nichts zu tun haben. Sein Arbeitgeber dagegen, der durch alle Monate des Jahres spekuliert, hat keine Ruhe und Muße von einem Ende des Jahres bis zum anderen.

Kurz: Ich bin sowohl aus Glaube als auch aus Erfahrung der Ansicht, dass es keine Quälerei, sondern ein Zeitvertreib ist, sich auf dieser Erde durchzukämpfen, wenn man einfach und verständig leben will. Noch immer dienen die Beschäftigungen der einfachen Völker den kultivierteren als Sport. Es ist nicht notwendig, dass der Mensch im Schweiße seines Angesichts sein Brot erntet – es sei denn, dass er leichter in Schweiß gerät als ich.

Ein mir bekannter junger Mann, der einige Hektar Land geerbt hatte, sagte mir, dass er geradeso wie ich leben würde, »wenn er die Mittel besäße«. Ich wünsche jedoch um keinen Preis, dass jemand meine Lebensweise befolgt. Denn ganz abgesehen davon, dass ich, bevor jemand sie im Prinzip erfasst hat, bereits eine andere für mich erfunden haben kann, wünsche ich auch, dass die Menschen dieser Erde so verschieden wie nur möglich sein mögen. Andererseits aber soll ein jeder sich eifrig bemühen, seinen eigenen Weg zu finden und nicht den seines Vaters, seiner Mutter oder seines Nachbarn. Lasst den Jüngling Baumeister, Pflanzer oder Seemann werden. Man soll ihn nur nie an der Ausführung seines Lieblingswunsches hindern. Wie der Polarstern dem Seemann oder dem flüchtenden Sklaven als Führer dient, so ist all unsere Weisheit nichts mehr als ein einziger mathematischer Punkt. Wenn wir auch unseren Hafen nicht in absehbarer Zeit erreichen – außer Kurs kommen möchten wir nicht.

Ohne Zweifel ist in diesem Falle das, was für einen wahr ist, noch wahrer für Tausende. Ist doch ein großes Haus im Verhältnis nicht teurer als ein kleines, da ein Dach es bedecken, ein Keller darunterliegen und eine

Wand mehrere Zimmer trennen kann. Ich meinerseits zog die einsame Wohnung vor. Ferner wird es in der Regel billiger sein, das Ganze selbst zu bauen, als irgendjemand von dem Vorteil der gemeinsamen Mauer zu überzeugen. Aber selbst wenn dies gelungen ist, muss die Mauer umso dünner sein, je billiger man sie herzustellen wünscht. Der Nachbar kann sich außerdem in schlechtem Licht zeigen und die ihm zugekehrte Seite der Mauer nicht ordentlich imstande halten. Ein Zusammenwirken ist gewöhnlich nur dann möglich, wenn es in eng begrenztem und oberflächlichem Maße geschieht. Findet wirklich einmal ein ehrliches Zusammenwirken statt, bemerkt man es nicht. Für solche Harmonie ist des Menschen Ohr nicht geeignet. Hat ein Mensch Vertrauen, wird er bei jeder gemeinschaftlichen Arbeit das gleiche Vertrauen an den Tag legen, hat er keines, wird er wie die übrigen Menschen weiterleben, einerlei wem er sich auch zugesellt. Zusammenwirken heißt im höchsten wie im niedrigsten Sinne sein Brot gemeinsam verdienen. Vor Kurzem machte jemand folgenden Vorschlag: Zwei junge Leute sollten zusammen durch die Welt reisen, der eine ohne Geld, sollte seinen Unterhalt während der Reise vor dem Mast oder hinter dem Pflug verdienen, der andere sollte sein Bankbuch in der Rocktasche tragen. Man kann sich leicht vorstellen, dass sie nicht lange zusammenwirken, nicht lange Gefährten bleiben werden, da der eine überhaupt nicht wirken will. Sie werden sich bei der ersten interessanten Krisis in ihren Abenteuern trennen. Vor allen Dingen aber kann der Mann, der allein ist, wie ich schon andeutete, bereits heute abreisen. Wer aber mit einem Gefährten reist, muss warten, bis dieser fertig ist. Da kann es lange dauern, bis sie ihre Fahrt antreten.

»Das ist aber alles höchst egoistisch«, höre ich meine Mitbürger sagen. Ich gebe zu, ich habe bislang philanthropischen Bestrebungen wenig gefrönt. Ich habe dem Pflichtgefühl einige Opfer dargebracht, ihm unter anderem auch dieses Vergnügen geopfert. Einige Leute haben auch alle ihre Überredungskunst aufgeboten, um mich zur Unterstützung einer armen Familie in unserem Städtchen zu bestimmen. Hätte ich nichts zu tun, könnte ich mich – denn der Teufel gibt dem Müßiggänger Beschäftigung – einem derartigen Zeitvertreib widmen. Als ich aber in dieser Hinsicht nachgiebig wurde und die Verpflichtung übernahm, einigen armen Leuten das Leben in jeder Beziehung so angenehm wie mir selbst zu gestalten, da zogen sie alle, sobald ich mit diesem Anerbieten an sie herantrat, ohne Zaudern vor, arm zu bleiben. Da meine Mitbürger und Mitbürgerinnen auf so mannigfache Weise sich dem Wohl anderer Menschen widmen, hoffe ich, dass wenigstens einer andere und weniger humane Bestrebungen verfolgen darf. Auch zur Mildtätigkeit muss man, gerade wie zu anderen Dingen, Talent haben. Das »Wohltun« ist auf alle Fälle ein Beruf, der überfüllt ist. Ich habe mir indessen redlich Mühe gegeben, ihn auszuüben, und doch bin ich, so seltsam es auch scheinen mag, froh, dass er meiner Konstitution nicht zusagt. Selbst dann würde ich meinem speziellen Beruf wahrscheinlich nicht mit Absicht und Überlegung untreu werden, wenn ich durch Wohltaten, wie sie die menschliche Gesellschaft von mir verlangt, das Universum vor völligem Untergang retten könnte. Ich glaube ferner, dass eine ähnliche, aber viel größere Standhaftigkeit an einem anderen Ort dasjenige ist, was die Welt jetzt zusammenhält. Doch ich wünsche nicht, zwischen irgendeinem Menschen und seinem Talent zu stehen.

Demjenigen aber, der dieser Arbeit, die ich ablehne, mit ganzem Herzen, mit ganzer Seele und mit jedem Atemzug sich widmet, rufe ich zu: Fahre fort, selbst wenn die Welt es »Übeltun« heißt. Das wird sie übrigens wahrscheinlich tun.

Ich bin weit davon entfernt, zu glauben, dass ich in diesem Fall eine Ausnahme mache. Ohne Zweifel werden viele meiner Leser sich auf die gleiche Weise verteidigen. Für manchen Zweck – ich will nicht behaupten, dass meine Nachbarn darin etwas Gutes sehen – kann man unbedingt keinen besseren Kerl dingen als mich. Auf welchem Gebiet ich mich jedoch besonders auszeichne, möge mein Arbeitgeber selbst ausfindig machen. Das Gute (in des Wortes gewöhnlicher Bedeutung), das ich tue, muss abseits von meinem Pfade liegen, muss zum größten Teil unabsichtlich geschehen. Die Menschen aber sagen: Fange an, wo Du bist und wie Du bist, stecke Dir keine ehrgeizigeren Ziele und tue Gutes mit bewusster Güte. Wenn ich überhaupt in diesem Ton predigen wollte, würde ich sagen: Fanget an, gut zu sein. Als ob die Sonne sich ausruhen dürfte, wenn sie den Mond oder einen Stern sechster Größe mit ihrem Licht versorgt hat, als ob sie nun wie Hans Biedermeier herumspazieren, in jedes Hüttenfenster lugen, Mondsüchtige inspirieren, Fleisch verderben und die Dunkelheit erhellen könnte, anstatt mählich ihre wohltuende, belebende Wärme zu steigern und dermaßen zu leuchten, dass kein Sterblicher ihr ins Antlitz zu blicken vermag! Gleichzeitig aber wandelt sie ihre Bahn um die Welt und tut Gutes, oder, wie eine wahrere Philosophie lehrt: Die Welt wandert um sie herum und empfängt Wohltaten. Als Phaeton seine himmlische Herkunft durch Wohltaten zu beweisen wünschte, kam er, als er den Sonnenwagen nur einen Tag lang lenkte, aus dem Geleise. Er verbrannte mehrere Häuserviertel in den tiefer gelegenen Straßen des Himmels, versengte die Oberfläche der Erde, trocknete alle Quellen aus und schuf die große Wüste Sahara. Da schleuderte ihn schließlich Jupiter durch seinen Donnerkeil häuptlings auf die Erde, und aus Kummer über seinen Tod schien die Sonne ein Jahr lang nicht.

Nichts riecht so schlecht wie falsche Güte. Es ist menschliches, es ist göttliches Aas. Wenn ich mit Sicherheit wüsste, dass ein Mensch nach meinem Haus käme mit der bewussten Absicht, mir »wohlzutun«, würde ich bloß aus Angst, er könne mir eine seiner Wohltaten erweisen – etwas von seinem Virus meinem Blut einverleiben –, vor ihm davonlaufen wie vor dem Samum, dem trockenen, brennenden Wüstenwind Afrikas, der Nase, Mund, Ohren und Augen mit Staub füllt, bis man erstickt. Nein! In diesem Fall will ich lieber auf natürliche Weise Böses erdulden. Ein Mensch ist deswegen noch nicht gut, weil er mir Nahrung gibt, wenn ich am Verhungern, weil er mich wärmt, wenn ich am Erfrieren bin, oder weil er mich aus einer Grube zieht, vorausgesetzt, dass ich je in eine hineinfallen sollte. Ich kann Euch einen Neufundländer vorführen, der das Gleiche tut. Philanthropie ist nicht Nächstenliebe im weitesten Sinne. Howard[10] ist in seiner Art sicherlich ein außerordentlich freundlicher und würdiger Herr; er hat auch seinen Lohn gefunden. Was sind aber – um einen Vergleich zu gebrauchen – hundert Howards uns, wenn ihre Philanthropie nicht imstande ist, uns in unseren sogenannten besten Verhältnissen, gerade dann, wenn wir sie am dringendsten nötig haben, zu helfen? Ich habe niemals von einer philanthropischen Versammlung gehört, in welcher der Vorschlag gemacht wurde, mir und meinesgleichen irgendeine Wohltat zu erweisen.

Indianer, die bereits zum Verbrennen an die Pfähle gebunden waren, bereiteten meist den Jesuiten dadurch eine arge Enttäuschung, dass sie ihren Folterknechten neue Folterqualen vorschlugen. Da sie körperliche Schmerzen verachteten, kam es manchmal vor, dass sie auch über jeden von den Missionaren gespendeten Trost erhaben waren. Und das Gebot »Behandle Deine Mitmenschen so, wie Du von ihnen behandelt zu sein wünschst« hatte weniger Überzeugungskraft für die Ohren derjenigen, denen es einerlei war, wie man sie behandelte, die ihre Feinde auf ihre eigene, neue Art liebten und die nahe daran waren, ihnen all ihr Tun zu verzeihen.

Überzeuge Dich davon, dass Du dem Armen die Hilfe zuteilwerden lässt, deren er am dringendsten bedarf, auch wenn es für ihn unmöglich ist, Dein Beispiel nachzuahmen. Opfere Dich selbst mit dem Geld, das Du ihm gibst, und händige es ihm nicht gleichgültig ein. Wir machen nicht selten sonderbare Fehler. Oft ist der arme Mann, wenn ihn auch Hunger und Kälte plagen, in der Hauptsache doch nur schmutzig, zerlumpt und roh. Das ist zum Teil sein Geschmack und nicht bloß sein Unglück. Schenkst Du ihm Geld, kauft er vielleicht noch mehr Lumpen dafür. Ich hatte immer Mitleid mit den unbeholfenen irischen Arbeitern, die in ihren gewöhnlichen und zerlumpten Kleidern Eis schnitten, während ich in meinem der Jahreszeit mehr entsprechenden und etwas eleganteren Anzug vor Kälte zitterte. Als aber an einem bitterkalten Tag einer der Arbeiter, der ins Wasser gerutscht war, in mein Haus kam, um sich zu wärmen, hatte er drei paar Hosen und zwei paar Strümpfe abzustreifen, bis er auf die Haut kam. Ich aber erkannte, dass er aus gutem Grund Extrakleider, die ich ihm anbot, ablehnen konnte – trotzdem seine Hosen schmutzig und zerlumpt genug waren –, denn er hatte genug intra. Gerade das kalte Bad hatte einem dringenden Bedürfnis abgeholfen. Daraufhin bekam ich Mitleid mit mir selbst, und ich sah ein, dass meine Nächstenliebe besser angewendet wäre, wenn ich mir ein Flanellhemd anstatt ihm ein ganzes »Alte-Kleider-Magazin« schenken würde. Tausende hacken an den Zweigen des Übels herum, doch nur einer trifft die Wurzel. Und vielleicht erzeugt gerade dieser eine, welcher für die Armen die meiste Zeit und das meiste Geld hergibt, durch seine Lebensweise das Elend, das er vergebens zu lindern sich bemüht. Er gleicht dem frommen Sklavenhändler, der das Geld, welches er an jedem zehnten Sklaven verdient, zur Einführung der »Sonntagsruhe« für die übrigen verwendet. Manche Menschen zeigen ihre Milde gegen Arme dadurch, dass sie dieselben in ihrer Küche beschäftigen. Würden sie nicht mehr Güte beweisen, wenn sie sich selbst dort beschäftigten? Du prahlst damit, dass Du den zehnten Teil Deines Einkommens mildtätigen Zwecken zuwendest! Vielleicht solltest Du neun Zehntel so verwenden, und damit basta! – Die Gesellschaft erhält also nur den zehnten Teil des Eigentums zurück. Verdankt sie dies dem Edelsinn des jeweiligen Besitzers oder der Schlaffheit der Diener der Gerechtigkeit?

Philanthropie ist die einzige Tugend, die von der Menschheit genügend geschätzt wird. Ja, sie wird sogar viel zu hoch eingeschätzt! Und wer überschätzt sie? Unsere Selbstsucht! Ein kräftiger armer Mann, der in Concord lebt, pries mir gegenüber an einem sonnigen Tag einen Mitbürger, der, wie er sagte, wohltätig gegen die

Armen sei. Damit meinte er sich selbst. Die guten Onkel und Tanten des Menschengeschlechts werden mehr geachtet als seine wahren geistigen Väter und Mütter. Ich hörte einmal einen Geistlichen über England sprechen, einen Mann von Wissen und Intelligenz. Der begann, nachdem er zunächst die wissenschaftlichen, literarischen und politischen Autoritäten – Shakespeare, Bacon, Cromwell, Milton, Newton und andere – aufgezählt hatte, sogleich von christlichen Helden zu reden, die er, wie es sein Beruf von ihm verlangte, als die Größten aller Großen hoch über alle anderen stellte. Seine Helden waren Penn[11], Howard und Mrs Fry[12]. Jedermann kann fühlen, dass das heuchlerische Redensarten und Lügen waren. Diese letzten drei waren nicht Englands beste Männer und Frauen; höchstens – vielleicht – seine besten Philanthropen.

Ich will das Lob, das der Philanthropie zukommt, in keiner Weise schmälern. Ich will nur Gerechtigkeit für alle verlangen, die durch ihr Leben und durch ihre Werke ein Segen für die Menschheit sind. Ich ziehe nicht in erster Linie die Rechtschaffenheit und die Gutmütigkeit eines Menschen in Rechnung, die gewissermaßen sein Stamm und seine Blätter sind. Jene Pflanzen, aus deren getrocknetem Grün wir Tee für die Kranken bereiten, dienen nur niederem Zweck und werden meistens von Quacksalbern benutzt. Ich verlange des Menschen Blüte und Frucht. Ich will, dass ein würziger Duft von ihm zu mir herüberschwebe, dass eine Art von Reife unserem Verkehr Geschmack verleihe. Seine Güte soll nicht eine transitorische Handlung, nicht Stückwerk sein, sondern ein beständiges Überströmen, das ihn nichts kostet und das ihm nicht zum Bewusstsein kommt. Liebe muss eine Menge von Sünden verdecken können. Der Philanthrop umgibt nur zu oft die Menschheit durch die Erinnerung an seinen eigenen überwundenen Kummer wie mit einem Dunstkreis und nennt das »Sympathie«. Wir sollen unseren Mut mitteilen, nicht unsere Verzweiflung, unsere Gesundheit und unser Behagen und nicht unsere Krankheit. Im Gegenteil, Krankheitskeime zu verschleppen, sollen wir ängstlich vermeiden. Von welch südlichen Ländern schallen Klagetöne an unser Ohr? In welchen Zonen wohnen die Heiden, denen wir Erleuchtung senden möchten? Wenn irgendetwas den Menschen plagt, sodass er seinen Funktionen nicht nachkommen kann, selbst wenn er nur ein wenig Schmerz im Bauch hat – denn dort ist der Sitz der Sympathie –, beginnt er ohne Zaudern die Welt zu reformieren. Da er selbst ein Mikrokosmos ist, entdeckt er – und zwar ist das eine geniale Entdeckung, zu der ein Mann wie er nötig war –, dass die Welt unreife Äpfel gegessen hat. In seinen Augen ist die Erdkugel überhaupt nur ein großer, unreifer Apfel, und schon der Gedanke, dass des Menschen Kinder ihn anbeißen könnten, bevor er reif ist, bedeutet eine schreckliche Gefahr. So wird seine drastische Philanthropie stracks den Eskimo und den Patagonier erkiesen und sich der übervölkerten indischen und chinesischen Dörfer erbarmen. Hat er ein paar Jahre dieser philanthropischen Tätigkeit gewidmet, während welcher die treibenden Mächte der Welt ihn doch zu ihrem eigenen Zweck benutzen, dann ist er von seiner Dyspepsie kuriert. Der Erdball zeigt ein blasses Rot auf einer oder auf beiden Wangen, als ob nun die Zeit der Reife begonnen hätte, das Leben verliert seinen bitteren Beigeschmack und wird aufs Neue süß und bekömmlich. Ich habe nie von größeren Freveln geträumt, als ich beging. Ich habe nie einen Menschen gekannt, noch werde ich je einen kennen, der schlechter war als ich selbst.

Ich glaube, dass die ganze Trübsal des Weltverbesserers nicht durch die Sympathie mit seinen im Unglück befindlichen Mitmenschen, sondern – mag er selbst Gottes heiligster Sohn sein – durch sein persönliches Leiden hervorgerufen wird. Doch wenn er sein Leid vergisst, im Frühlingslicht sich badet, wenn die Morgensonne über sein Lager flutet: Dann wird er seine hochherzigen Gefährten ohne Entschuldigung verlassen. (Wenn ich nicht gegen den Tabak eifere, kommt das daher, weil ich ihn nie gekaut habe. Bekehrte Tabakkauer müssen auf diese Weise Buße tun, ich habe aber genug anderes Zeug gekaut, gegen das ich zu Feld ziehen könnte.) Wenn Du je in Versuchung kommst, an philanthropischen Bestrebungen teilzunehmen, so lass Deine linke Hand nicht wissen, was die rechte tut, denn solches Wissen ist nicht der Mühe wert. Rette den Ertrinkenden, und binde Deine Schuhbänder fein säuberlich. Lass Dir Zeit, und fange mit einer freiwilligen Arbeit an.

Der Verkehr mit den Heiligen hat unsere Sitten verdorben. Aus unseren Gesangbüchern hallt es melodisch wider: Gott, Dich klagen wir an! Gott, Deine Güte währet ewiglich!

Man könnte beinahe sagen, dass selbst die Propheten und Erlöser mehr die Angst der Menschen beschwichtigt als ihre Hoffnung gestärkt haben. Nirgends findet sich eine einfache von Herzen kommende Äußerung darüber, dass das Leben Befriedigung gewährt, nirgends ist ein denkwürdiges Lob Gottes aufgezeichnet. Alles Gesunde, jeder Erfolg tut mir wohl, mag er noch so weit entfernt sein, noch so abseits vom Weg liegen. Alles Kranke, jeder Fehlschlag stimmt mich traurig, macht mich unglücklich, wie viel Sympathie ich auch mit ihm oder er mit mir haben mag. Wenn wir nun tatsächlich die Menschheit durch echt indische, botanische, magnetische oder natürliche Mittel kurieren wollen, dann wollen wir zunächst versuchen, selbst so einfach und gesund wie die Natur zu werden, die Wolken zu vertreiben, die unsere eigene Stirn überschatten, und ein wenig mehr Leben in unsere Poren aufzunehmen. Begnüge Dich nicht damit, ein Armenpfleger zu sein, sondern strebe danach, einer der Würdigsten zu werden auf dieser Welt.

Ich las im Gulistan[13] oder im Blumengarten des Scheik Sadi von Schiras folgendes: »Sie richten an einen weisen Mann die Frage: Von den vielen in Liedern besungenen Bäumen, die Gott der Herr hoch und schattenspendend erschaffen hat, wird keiner *azad* oder frei genannt außer der Zypresse, die keine Früchte trägt. Welch Geheimnis liegt hier verborgen? Er antwortete: Jeder Baum hat seinen angemessenen Ertrag, und jeder Baum hat seine Zeit, während der er frisch und blühend ist. Hernach vertrocknet und verwelkt er. Solch Schicksal kennt die Zypresse nicht. Sie grünt immerfort. Und von dieser Art sind die Azads, die religiös Unabhängigen. Hänge nicht Dein Herz an vergängliche Güter, denn der Dijlah oder Tigris wird noch durch Bagdad fließen, nachdem der Stamm der Kalifen erlosch. Hat Deine Hand die Fülle, sei freigebig wie der Dattelbaum. Doch wenn Du nichts zum Verschenken hast, sei ein Azad, ein Mann, der frei ist wie die Zypresse.«

WO ICH LEBTE UND WOFÜR ICH LEBTE

In einem gewissen Lebensalter haben wir die Gewohnheit, jedes Fleckchen Erde für einen eventuellen Hausbau in Betracht zu ziehen. So habe ich das Land nach allen Richtungen im Umkreis von zwölf Meilen angeschaut. In meiner Phantasie kaufte ich alle Farmen der Reihe nach auf, denn alle waren zu verkaufen, und ich kannte den verlangten Preis. Ich ging mit jedem Farmer durch Haus und Hof, kostete von seinen wilden Äpfeln, sprach mit ihm über Landwirtschaft, kaufte die Farm für den geforderten Preis, für jeden Preis und fertigte im Geist die Hypothek aus. Ich selbst setzte dann einen höheren Preis der Farm fest, nahm alles, nur keinen Vertrag – ließ mir anstatt des Vertrags sein Wort geben (denn ich liebe es sehr, zu plaudern) und kultivierte, wie ich glaube, nicht nur den Besitz, sondern auch den Besitzer in gewissem Grad. Hatte ich mich lange genug so vergnügt, dann zog ich mich zurück und überließ ihm die Fortsetzung.

Meine Kenntnisse verleiteten meine Freunde dazu, in mir gleichsam einen Makler in Grundbesitz zu sehen. Wo auch immer ich saß, da hätte ich auch leben mögen, und die Landschaft dehnte sich dementsprechend radienförmig um mich aus. Was ist ein Haus anderes als ein *sedes* – ein Sitz? Ist es ein Landsitz – nun, umso besser! Ich entdeckte manchen Platz, auf dem wohl so bald kein Haus gebaut werden würde, denn mancher würde zu sich sagen: Der Platz liegt zu weit vom Dorf ab; meiner Ansicht nach war das Dorf zu weit von dem Platz entfernt. »Gut, hier möchtest Du leben«, sprach ich zu mir, und so lebte ich dort eine Stunde lang ein Sommer- und ein Winterleben, sah im Geist, wie die Jahre eilten, wie ich mich durch den Winter schlug und wie der Frühling ins Land zog. Die zukünftigen Bewohner dieser Gegend können sicher sein, dass ihnen, wohin sie auch immer ihre Häuser stellen mögen, stets einer zuvorgekommen ist. Ein Nachmittag genügte, um das Land in Obstgarten, Waldung und Weiden abzuteilen, um zu entscheiden, welche schönen Eichen oder Fichten geschont werden und vor dem Haus stehen bleiben sollten und von wo aus irgendein verwitterter Baum am interessantesten zu betrachten war. Dann ließ ich alles liegen – geradezu brachliegen. Denn ein Mensch ist umso reicher, je mehr Dinge er unbeschadet am Weg liegen lassen kann.

Meine Phantasie trieb ihr Spiel so weit, dass ich für manche Farmen sogar das Vorkaufsrecht besaß. Das Vorkaufsrecht war übrigens wirklich alles, was ich wollte. Ich habe niemals meine Finger an realem Besitz verbrannt. Ich war allerdings nahe daran, Grundbesitzer zu werden, als ich Hollowell kaufte. Ich hatte schon begonnen, die Saat auszulesen, und auch schon Material zur Herstellung eines Schubkarrens gesammelt, um sie darin zu transportieren. Bevor mir jedoch der Besitzer den Vertrag aushändigte, besann sich sein Weib – jedermann hat solch ein Weib – eines Besseren und wünschte die Farm zu behalten. Er bot mir zehn Dollar Entschädigung an. Nun besaß ich selbst, um der Wahrheit die Ehre zu geben, auf Gottes weiter Welt nur zehn Cent, und meine Rechenkunst erwies sich als vollkommen ungenügend, um festzustellen, ob ich der Mann war, der zehn Cent besaß oder eine Farm oder zehn Dollar oder alles zusammen. Kurzum – ich ließ ihm die zehn Dollar und die Farm obendrein, denn ich hatte mein Spiel weit genug getrieben. Mit anderen Worten: Um großmütig zu sein, verkaufte ich die Farm um denselben Preis an ihn, den ich bezahlt hatte, und schenkte ihm, da er kein reicher Mann war, zehn Dollar. Trotzdem hatte ich noch meine zehn Cent, die Aussaat und das Material für einen Schubkarren in meinem Besitz. Und so erkannte ich, dass ich ein reicher Mann gewesen war, ohne an meiner Armut irgendeine Einbuße erlitten zu haben. Die Landschaft blieb ja ohnehin mein Eigentum, und alljährlich habe ich seither, was sie hervorbrachte, ohne einen Schubkarren davongetragen. Ja, die Landschaft!

> So weit mein Auge reicht, bin ich der König!
> Dies Recht soll niemand mir bestreiten.

Ich sah häufig einen Dichter, der die Farm verließ, wenn er an ihren wahren Schätzen sich erquickt hatte. Der mürrische Farmer dagegen glaubte, dass er sich nur ein paar wilde Äpfel genommen habe. Ja, der Besitzer selbst weiß oft jahrelang nichts davon, dass ein Dichter sein Landgut in Reime setzte, es durch das herrlichste, unsichtbare Gitter einhegte, die Kühe molk, den Rahm von der Milch schöpfte und dem Farmer nichts als abgerahmte Milch zurückließ.

Dass mir gerade die Hollowell-Farm so sehr gefiel, hatte folgende Gründe: Das Gut war völlig abgelegen, denn die Entfernung bis zum Dorf betrug zwei Meilen, bis zum nächsten Nachbarn eine halbe Meile. Außerdem trennte ein breites Feld das Farmhaus von der Landstraße. Ferner grenzte das Besitztum an den Fluss, und die Nebel – so behauptete wenigstens der Eigentümer – schützten es im Frühling vor Nachtfrösten. Das war mir allerdings ganz einerlei. Die graue Farbe, der verfallene Zustand des Hauses und des Stalls und die zerbrochenen Zäune vergrößerten den Zeitraum, der zwischen mir und dem letzten Bewohner verstrichen war. Die hohlen, mit Flechten bedeckten Apfelbäume waren von Kaninchen benagt und zeigten mir, von welcher Art hinfort meine Nachbarn sein würden. Vor allem aber wurde ich an meine ersten Fahrten flussaufwärts erinnert. Das Haus konnte man von dort aus nicht sehen, es lag in einem dichten Hain roter Ahornbäume versteckt. Nur den Haushund hörte man bellen. Ich hatte es eilig mit dem Kauf, um zu verhüten, dass der Besitzer einige Felsblöcke ganz bloßlege, die hohlen Apfelbäume umhaue und einige junge Birken, die auf der Weide in die Höhe sprossten, ausgrübe, kurz, um weitere Verbesserungen seinerseits hintenanzuhalten. Um diese Vorzüge genießen zu können, war ich bereit, die Farm zu übernehmen. Ich wollte, wie Atlas, die Welt auf meine Schultern nehmen – ich habe übrigens niemals erfahren können, welches Entgelt er dafür bekam –, alle Arbeit willig verrichten; und zwar hatte ich dafür keinen anderen Grund, keine andere Entschuldigung, als dass ich nach geleisteter Zahlung mich ungestört ihres Besitzes erfreuen wollte. Denn das wusste ich während der ganzen Zeit, dass die Ernte, auf die es mir ankam, überreichlich ausfallen würde, wenn ich allen Dingen seinen Lauf ließe. Die Angelegenheit endete übrigens so, wie ich bereits mitteilte.

Alles, was ich also über Landwirtschaft im großen Stil sagen kann – ich habe stets einen Garten gehabt –, ist, dass ich meine Aussaat vorbereitet hatte. Viele glauben, dass der Samen mit der Zeit besser wird. Ich bezweifle nicht, dass die Zeit das Gute vom Bösen scheiden wird, und wenn ich schließlich säe, werde ich wahrscheinlich nicht so leicht eine Enttäuschung erleben. Ich möchte aber meinen Freunden ein für alle Mal anraten: Lebt so lange wie möglich frei und ungebunden. Es macht nur wenig Unterschied, ob Ihr an eine Farm oder in einem Gefängnis gebunden seid.

Der alte Cato, dessen Buch *De re rustica* mein »Sämann« ist, behauptet (und die einzige Übersetzung, die mir vor Augen gekommen ist, gibt diese Stelle geradezu unsinnig wieder): »Willst Du eine Farm erwerben, musst Du es Dir recht überlegen und nicht zu hastig sein. Scheue keine Mühe, sondern betrachte sie gründlich, und glaube nicht, dass es genügt, wenn Du ein Mal um sie herumgehst. Je häufiger Du dorthin gehst, desto besser wird sie Dir gefallen, wenn sie gut ist.« Ich glaube, ich werde nicht in Übereilung kaufen, sondern all mein Leben lang um die Besitzung herumgehen. Wenn ich daselbst erst begraben bin, werde ich sie schließlich ganz in mein Herz schließen.

Das jetzige, zweite Experiment dieser Art will ich etwas ausführlicher beschreiben, und zwar will ich der Bequemlichkeit halber die Erfahrungen zweier Jahre in eines zusammenziehen. Ich habe schon darauf hingewiesen, dass ich keine Ode an die Traurigkeit dichten, sondern lustig und stolz wie der Hahn am Morgen auf seinem Balken krähen will, und wäre es auch nur, um meine Nachbarn aufzuwecken.

Als ich meinen Wohnsitz im Wald aufzuschlagen, d.h., als ich dort nicht nur meine Tage, sondern auch meine Nächte zuzubringen begann – das geschah übrigens zufällig am 4. Juli 1845, am Jahrestag der Unabhängigkeit-Erklärung[14] –, war mein Haus noch nicht gegen den Winter gewappnet, sondern bot nur gegen den Regen Schutz. Es hatte weder einen Bewurf noch einen Kamin, die Wände bestanden aus rohen, wettergefleckten Brettern mit großen Spalten, sodass es kühle Nächte gab. Die geraden, weißen, behauenen Pfosten, die frisch gehobelte Tür- und Fensterverkleidung verliehen dem Haus ein sauberes und luftiges Aussehen, hauptsächlich morgens, wenn das Holz vom Tau befeuchtet war. Ich dachte dann, dass um die Mittagszeit irgendein duftendes Harz daraus hervorquellen würde. In meiner Phantasie behielt es während des Tages mehr oder weniger diesen morgentaufrischen Charakter. Es erinnert mich an ein Haus auf einem Berg, das ich im letzten Jahr besucht hatte. Das war eine luftige Hütte ohne Bewurf, geeignet zur Rast für einen wandernden Gott. Eine Göttin hätte ihre Gewandung hier nachschleppen lassen können. Die Winde, die übers Haus dahinzogen, glichen denen, die über Bergesgipfel stürmen. Sie trugen mir zerrissene Akkorde zu, göttliche Klänge in irdischer Musik … Ohne Unterlass weht der Morgenwind, die Schöpfungsmelodie ist unendlich, doch nur wenige Ohren vermögen sie zu hören. Überall ist der Olympos – nur nicht auf Erden.

Das einzige Haus, welches ich vor diesem besessen habe, war, wenn ich mein Boot nicht einrechne, ein Zelt, das ich gelegentlich bei Sommerausflügen benutzte. Es liegt noch zusammengerollt auf meinem Speicher. Das Boot dagegen wechselte häufig seinen Besitzer und trieb schließlich davon auf den Wogen der Zeit. Jedenfalls bewies ich jetzt, wo ich dieses dauerhaftere Obdach über mir hatte, dass ich in Bezug auf meine Niederlassung in dieser Welt Fortschritte machte. Dieser nur leicht gefügte Holzbau bildete eine Art von Kristallisationspunkt für mich und blieb nicht ohne Einfluss auf den Erbauer. Es erinnerte mich an die Skizze eines Bildes. Ich brauchte nicht ins Freie zu gehen, um frische Luft zu schöpfen, denn die Luft im Haus hatte an Reinheit keine Einbuße erlitten. Ich saß mehr hinter meinen vier Pfählen als innerhalb derselben, auch beim ärgsten Regenwetter. Die Harivansa[15] sagt: »Eine Wohnung ohne Vögel ist wie Fleisch ohne Würze.« Solch eine Wohnung besaß ich nicht, denn ich war plötzlich ein Nachbar der Vögel geworden, nicht dadurch, dass ich mir einen einfing, sondern dadurch, dass ich meinen Käfig mitten unter sie setzte. Ich war nicht nur denen näher gerückt, die gewöhnlich unsere Haus- und Obstgärten bevölkerten, sondern auch jenen wilderen, leidenschaftlicheren Sängern des Waldes, die nie oder nur selten dem Dorfbewohner ein Ständchen bringen: der Walddrossel, dem Piewieh, der Scharlach-Tanagra, dem Feldsperling, dem Tagschläfer und vielen anderen.

Am Ufer eines kleinen Teichs, etwa anderthalb Meilen südlich von dem Dörfchen Concord, schlug ich mein Heim auf. Es lag etwas höher als Concord, mitten in den ausgedehnten Waldungen zwischen diesem Dorf und Lincoln, etwa zwei Meilen südlich von unserem einzigen, rühmlich bekannten Felde: dem Schlachtfeld von Concord[16]. Meine Wohnung lag aber so niedrig in den Wäldern, dass das gegenüberliegende, eine halbe Meile entfernte und – wie alles übrige – bewaldete Ufer meinen Horizont begrenzte. Wenn ich im Laufe der ersten Woche nach dem Teich hinausblickte, schien er mir immer einem hoch oben auf einem Bergabhang liegenden See zu gleichen, dessen Grund sich noch weit oberhalb des Spiegels anderer Seen befand. Stieg aber die Sonne empor, dann sah ich, wie er sein nebelgewobenes Nachtgewand abwarf. Hie und da wurde ganz allmählich sein zartes Wellengekräusel oder seine glatte, leuchtende Oberfläche sichtbar, während die Nebel nach allen Richtungen verstohlen in die Wälder flüchteten, wie Geister, die von einer nächtlichen Zusammenkunft heimziehen. Selbst der Tau schien hier, wie an Bergeshängen, länger an den Bäumen zu haften.

Dieser kleine See war der angenehmste Nachbar in den Pausen zwischen leichten Regenschauern im August, wenn Luft und Wasser völlig regungslos waren, wenn bei bedecktem Himmel der Spätnachmittag schon die friedvolle Ruhe des Abends aushauchte, wenn ringsum der Walddrossel Gesang erscholl, von Ufer zu Ufer widerhallend. Nie ist ein solcher See glatter als um diese Zeit. Und da die Luft über ihm nur bis zu geringer Höhe klar und von Wolken verdunkelt war, wurde das Wasser selbst, mit all seiner Leuchtkraft und all seinen Reflexen, ein Himmel in der Tiefe, der umso gewaltiger wirkte. Von dem Gipfel eines benachbarten Hügels aus, wo erst vor Kurzem Holz gefällt war, genoss ich eine schöne Aussicht südwärts über den Teich. Die Hügel, die das Ufer dort bildeten, öffneten sich ein wenig zu einem Tal, und ihre sanft gegeneinandergeneigten Hänge erweckten den Eindruck, als ob dort ein Strom durch ein waldiges Tal fließe. Es gab da aber keinen Strom. In weiter Ferne sah ich zwischen und über diesen grünen Hügeln höhere Berge im blauen Glanz am Horizont. Ja, wenn ich mich auf die Zehen stellte, konnte ich gerade noch einige Spitzen einer Gebirgskette erblicken, die, in tieferes Blau getaucht, in noch weiterer Ferne im Nordwesten lagen – urechte Münze aus des Himmels Werkstatt –, und einen Teil des Dorfs. Nach anderen Richtungen aber konnte ich auch von hier aus nicht über die mich rings umgebenden Wälder hinaussehen. Es ist gut, wenn man etwas Wasser in der Nachbarschaft hat: Das erinnert an die Behändigkeit und auch an die Schwimmkraft der Erde. Selbst der kleinste Quell bietet den Vorteil, dass man beim Hineinschauen erkennt: Die Erde ist kein Kontinent, sondern ein Eiland. Und dieser Vorteil ist ebenso schwerwiegend wie ein anderer: Er hält die Butter kühl. Wenn ich von diesem Gipfel aus über den Teich nach den Wiesen von Sudbury hinüberblickte, die zur Flutzeit in ihrem überschwemmten Tal – vielleicht durch die Strahlenbrechung – in die Höhe gehoben waren wie Münzen in einem Gefäß, erschien mir alles Land jenseits des Teichs wie eine dünne Erdkruste, die schon durch diese kleine dazwischenliegende Wasserfläche zur wogenumspülten Insel wurde. Ich aber wurde daran erinnert, dass der Boden, auf dem ich stand, *»terra firma«* war.

Obwohl der Blick von meiner Tür aus noch beschränkter war, fühlte ich mich keineswegs bedrückt und eingeengt. Es gab Weideland genug für meine Phantasie. Der niedere, mit Zwergeichen bedeckte Höhenzug, zu welchem sich das gegenüberliegende Ufer erhob, erstreckte sich hinaus bis zu den Prärien des Westens, bis zu den Steppen der Tatarei und bot genug Raum für alle wandernden Menschenkinder. »Nur die sind glücklich auf der Welt, die in Freiheit eines weiten Horizontes sich erfreuen«, sagte Damodora, wenn seine Herden neuer und größerer Weiden bedurften.

Ort und Zeit waren vertauscht, und ich lebte jenen Räumen des Weltalls, jenen Zeitaltern der Geschichte näher, die auf mich den größten Reiz ausübten. Ich lebte in Zonen, so weit entlegen wie jene, die nächtlicherweile der Astronom durchforscht. Unsere Phantasie zieht mit Vorliebe entlegene, reizvolle Stätten in irgendeinem stillen Winkel des Weltalls in ihren Bereich, hinter Kassiopeias Schemel, fern von Lärm und Störung. Ich entdeckte, dass mein Haus tatsächlich an solch einer entlegenen, doch ewig jungen, jungfräulichen Stätte des Universums lag. Wenn es der Mühe wert war, sich in der Nähe der Plejaden oder der Hyaden, bei Aldebaran oder Altair[17] niederzulassen, dann war ich wirklich dort, oder wenigstens ebenso weit wie sie von jenem Leben entfernt, das ich hinter mir gelassen hatte. Ein ebenso schwacher Strahl wie von dort zitterte und blinkte zu meinem nächsten Nachbarn hinüber. Nur in Nächten, wo der Mond nicht scheint, war er für ihn sichtbar. So war die Stätte im Universum beschaffen, auf der ich mich angesiedelt hatte …

> Es war ein Schäfer, lebensfroh.
> Hoch wie die Berge,
> Auf die er sein Vieh zur Weide trieb,
> Waren seine Gedanken.

Was müssten wir von des Schäfers Leben denken, wenn seine Herden immer zu höheren Weiden wanderten als seine Gedanken?

Jeder Morgen überbrachte mir die freudige Aufforderung, mein Leben geradeso einfach und, ich darf wohl sagen, so unschuldig zu gestalten wie die Natur selbst. Ich war ein ebenso aufrichtiger Verehrer der Aurora wie die Griechen. In aller Frühe stand ich auf und nahm ein Bad im Teich; das war eine religiöse Übung und eine meiner besten Handlungen. Man erzählte, dass auf der Badewanne des Königs Tsching-Thang Schriftzeichen eingegraben waren, welche besagten: »Erneuere Dich selbst jeden Tag; tue es wieder und wieder und in alle

Ewigkeit wieder.« Das kann ich begreifen. Der Morgen bringt heroische Zeiten zurück. Ich wurde, während ich bei offenen Türen und Fenstern dasaß, so tief ergriffen durch das leise Gesumm einer Mücke, die ihren unsichtbaren, unergründlichen Flug in früher Morgendämmerung durch mein Zimmer nahm, als ob ich Posaunentöne hörte, die laut ein Loblied tönten. Das war Homers Requiem: eine *Ilias* und *Odyssee* der Luft, die ihren eigenen Zorn und ihre Irrfahrten besangen. Es lag etwas Kosmisches darin. Ein ewiger Bericht (bis auf Widerruf) von der immerwährenden Lebenskraft und Fruchtbarkeit der Welt. Der Morgen, der wichtigste Teil des Tages, ist die Stunde des Erwachens. Da sind wir am wenigsten »somnolent«, und wenigstens eine Stunde lang wacht jener Teil von uns, der den übrigen Tag und die Nacht schlummert. Wenig kann von dem Tag erwartet werden (wenn der Ausdruck Tag überhaupt angebracht ist), zu dem uns nicht unser Genius, sondern das mechanische Klopfen eines Domestiken erweckt, wenn wir nicht durch unsere neu gesammelten Kräfte und Willensenergien von innen heraus, durch die Schwingungen himmlischer Musik – anstatt durch Fabrikglocken – und durch balsamische Lüfte zu einem Leben erweckt werden, das an Reinheit unser Leben am gestrigen Abend, als wir uns zum Schlummer niederlegten, übertrifft. So trägt auch die Finsternis ihre Früchte, erweist sich als heilsam, nicht weniger wie das Licht. Der Mensch, der nicht glaubt, dass jeder Tag eine frühere, heiligere und heller vom Morgenrot durchglühte Stunde mit sich bringt als all diejenigen, welche er bereits entweihte, hat am Leben verzweifelt. Er wandelt auf abschüssigen, dunklen Pfaden. Nach einem zeitweiligen Stillstand des Sinnenlebens fühlt sich die Seele des Menschen (oder vielmehr fühlen sich die Organe der Seele) täglich neu gestärkt, und des Menschen Genius versucht aufs Neue das Leben so edel wie möglich zu gestalten. Alle großen Ereignisse, so möchte ich behaupten, werden in der Morgenstunde, im Morgenlicht gezeitigt. In den Veden steht geschrieben: »Alle Geisteskraft erwacht am Morgen.« Poesie und Kunst und auch die schönsten, denkwürdigsten Taten der Menschen werden in solch einer Stunde geboren. Alle Dichter und Helden sind Kinder der Aurora, wie Memnon: Um Sonnenaufgang tönt ihr Lied. Für den, dessen elastische, kraftvolle Gedanken mit der Sonne gleichen Schritt halten, ist der Tag ein ununterbrochener Morgen. Was die Uhren oder die Menschen durch ihr Tun und Treiben sagen, ist ganz nebensächlich. Der Morgen ist da, wenn ich erwacht bin, wenn ich einen Sonnenaufgang in mir spüre. Das Streben, den Schlaf abzuschütteln, nenne ich Umwertung der Moral. Warum geben denn die Menschen einen so stümperhaften Bericht über ihren Tag? Doch nur weil sie schliefen! Sie sind durchaus keine schlechten Rechenmeister. Wenn die Schläfrigkeit sie nicht überwältigt hätte, sie würden etwas getan haben. Für körperliche Arbeit sind Millionen wach genug. Aber nur ein Einziger unter dieser Million ist wach genug zu wirksamen geistigen Leistungen, nur ein Einziger unter hundert Millionen zu einem poetischen, göttlichen Leben. Erwacht sein heißt leben! Ich habe noch nie einen völlig erwachten Menschen gesehen. Wie hätte ich ihm ins Antlitz schauen können!

Wir müssen lernen, wieder wach zu werden und uns wach zu erhalten, nicht durch mechanische Hilfsmittel, sondern durch das unendliche Erwarten des Sonnenaufgangs. Das darf uns selbst im tiefsten Schlummer nicht verlassen. Ich kenne keine ermutigendere Tatsache als die unbestreitbare Fähigkeit des Menschen, sein Leben durch bewusste Anstrengung auf eine höhere Stufe zu erheben. Es will schon etwas heißen, wenn man ein eigenartiges Bild malen, eine Statue meißeln, einigen wenigen Dingen Schönheit verleihen kann. Doch weitaus ruhmvoller wäre es, die Atmosphäre, das Medium selbst, durch welches wir hindurchsehen, zu meißeln und zu malen. Moralisch sind wir dazu imstande. Auf die Beschaffenheit des Tages einzuwirken, das ist die höchste Kunst. Jedermann hat die Verpflichtung, sein Leben auch in Einzelheiten so zu gestalten, dass es selbst in seiner feierlichsten und kritischsten Stunde als der Betrachtung würdig sich erweist. Wenn wir die klägliche Auskunft, die wir erhalten, zurückweisen oder aufbrauchen würden, dann würden die Orakel uns kurz und bündig mitteilen, wie dies geschehen könnte.

Ich zog in die Wälder, weil ich den Wunsch hatte, mit Überlegung zu leben, »alle Wirkenskraft und Samen« zu schauen, zu ergründen, ob ich nicht lernen konnte, was ich lehren sollte, um beim Sterben vor der Entdeckung bewahrt zu bleiben, dass ich nicht gelebt habe. Ich wollte nicht das leben, was kein Leben war; das Leben ist so kostbar. Auch wollte ich keine Entsagung üben, höchstens im Notfall. Ich wollte tief leben, alles Mark des Lebens aussaugen, so herzhaft und spartanisch leben, dass alles, was nicht Leben war, aufs Haupt geschlagen würde. Ich wollte mit großen Zügen knapp am Boden mähen, das Leben in die Enge treiben und es auf die einfachste Formel bringen. Und sollte es sich gemein erweisen, nun, dann wollte ich seine ganze, unverfälschte Gemeinheit auskosten, um sie der Welt zu künden. War es jedoch rein, so wollte ich dies aus eigener Anschauung erkennen und imstande sein, bei meinem nächsten Ausflug ehrlich Rechenschaft darüber abzulegen. Die meisten Menschen sind nämlich meines Erachtens darüber mit sich im Unklaren, ob das Leben vom Teufel oder von Gott stammt, und so haben sie »halbwegs übereilt« geschlossen, dass der Hauptzweck des Menschen auf Erden sei, »Gottes Lob und Preis zu singen in alle Ewigkeit«.

Noch immer leben wir im Staub wie die Ameisen. Und doch berichtet die Sage, wir seien schon vor langer Zeit in Menschen verwendet. Wie Pygmäen kämpfen wir mit Kranichen. Irrtum häuft sich auf Irrtum, Stümperei auf Stümperei, und selbst unsere besten Kräfte werden zu überflüssigen, vermeidbaren Jämmerlichkeiten verwendet. Unser Leben wird durch Kleinigkeiten vergeudet. Ein ehrlicher Mensch braucht kaum mehr als seine zehn Finger zum Rechnen. Im ärgsten Notfall kann er ja seine zehn Zehen zu Hilfe nehmen und den Rest in Bausch und Bogen akzeptieren. Einfachheit, Einfachheit, Einfachheit! Ich sage Dir: Gib Dich mit zwei oder drei Angelegenheiten ab, aber nicht mit hundert oder tausend! Rechne nicht mit einer Million, sondern mit einem halben Dutzend, und führe Buch auf Deinem Daumennagel! Auf dem hochflutenden Meer des zivilisierten Lebens gibt es Wolken und Stürme und Untiefen und tausend andere Dinge, die der Mensch nicht außer Acht lassen darf. Führt er sein Logbuch nicht gewissenhaft, wird er scheitern, in den Abgrund sinken und nie den Hafen erreichen. Doch der, dem die Landung gelingt, muss fürwahr ein großer Rechenmeister sein. Vereinfache, vereinfache! Statt drei Mahlzeiten iss, wenn es nötig ist, nur eine, statt hundert Speisen nur fünf, und schränke das Übrige im Verhältnis ein. Unser Leben gleicht einem deutschen Bundesstaat, aus kleinen Staaten zusammengesetzt mit ewig wechselnden Grenzen, sodass selbst ein Deutscher niemals genau angeben kann, wie die Grenzlinien verlaufen. Und unsere Nation selbst, mit all ihren sogenannten inneren Verbesserungen, die – nebenbei bemerkt – alle äußerlich und oberflächlich sind, ist eine geradeso schwer zu handhabende und übergroße Organisation, mit altem Hausrat vollgepfropft, über ihre eigenen Fallen stolpernd, ruiniert durch Luxus und leichtsinnige Ausgaben, durch Mangel an Berechnung und an einem würdigen Ziel, wie Millionen Familien im Land. Die einzige Rettung aber für Land und Leute ist die strengste Sparsamkeit, eine beherzte und mehr als spartanische Einfachheit des Lebens und eine Erhebung unserer Ziele. Unser Land lebt zu schnell. Die Menschen glauben, es sei von Wichtigkeit, dass die Nation Handel treiben, Eis exportieren, telegrafisch sprechen und wenigstens dreißig Meilen in der Stunde fahren könne, einerlei, ob das Individuum davon Gebrauch macht oder nicht. Ob wir aber wie Paviane oder wie Menschen leben sollen, ist nicht vollkommen sicher. Wenn wir aber, anstatt Schwellen zu fabrizieren und Schienen bei Tag und bei Nacht zu schmieden, an unserem Leben herumhämmern, um das zu verbessern, wer wird dann Eisenbahnen bauen? Und wenn keine Eisenbahnen gebaut werden, wie wollen wir dann zur rechten Zeit in den Himmel kommen? Wenn wir aber zu Haus bleiben und nur das tun, was uns angeht: Wer braucht da Eisenbahnen? Wir fahren nicht auf der Eisenbahn – sie fährt auf uns. Hat man je darüber nachgedacht, was die Schwellen sind, auf denen die Schienen ruhen? Jede Schwelle ist ein Mensch – ein Irländer oder ein Amerikaner. Die Schienen werden daraufgelegt, mit Sand bedeckt, und die Wagen rollen glatt hinüber. Die Schwellen schlafen tief, Ihr könnt mir's glauben. Und alle paar Jahre wird neues Material auf den Erdboden gelegt und überfahren. Darum, wenn manche das Vergnügen haben, auf den Schienen zu fahren, haben andere das Unglück, überfahren zu werden. Wenn sie aber einen nachtwandelnden Menschen – eine überflüssige, traumverlorene Schwelle am falschen Platz – überfahren und plötzlich erwecken, dann wird der Zug schnell zum Stillstand gebracht, man schreit und fordert Sühne, gerade als ob etwas Außergewöhnliches geschehen wäre! Ich habe mit Freuden gehört, dass für je fünf (engl.) Meilen eine Abteilung von Männern gebraucht wird, um die schlummernden Schwellen dort unten wohlgebettet zu erhalten. Dadurch wird wenigstens die leise Hoffnung genährt, dass sie vielleicht eines Tages auferstehen werden.

Warum leben wir in solcher Eile, in solcher Verschwendung? Wir fürchten den Hungertod, bevor wir hungrig sind. Die Menschen sagen: Eine Naht zur rechten Zeit erspart Dir neun. Darum machen sie heute tausend Nähte, um morgen neun zu sparen. Und was die Arbeit anbetrifft: Wir haben keine, der irgendwelche Bedeutung zukommt. Veitstanz haben wir, und unsere Köpfe können wir nicht ruhig halten. Wenn ich nur ein paarmal am Glockenseil der Pfarrkirche ziehen würde, als ob es irgendwo brennte, d. h., wenn ich einmal »Sturm« läuten würde, dann würde wohl jeder Farmer in der Umgebung von Concord – selbst derjenige, welcher sich noch am Morgen mit dringenden Geschäften entschuldigt hat –, jeder Knabe und, ich kann wohl sagen, auch jede Frau alles stehen und liegen lassen, um dem Signal zu folgen, und zwar nicht so sehr in der Absicht, das Besitztum den Flammen zu entreißen, als vielmehr – um die Wahrheit zu gestehen – es brennen zu sehen. Denn brennen muss es ja nun doch einmal, und – das wollen wir gleich betonen – wir haben das Feuer nicht angelegt. Man kann sich ja auch das Löschen betrachten und, wenn das geradeso interessant ist wie das Feuer an sich, selbst Hand ans Werk legen, auch bei der Pfarrkirche. Kaum hat ein Mensch ein halbstündiges Mittagsschläfchen gehalten, da hebt er schon beim Erwachen den Kopf hoch und fragt: »Was gibt's Neues?« Als ob die übrige Menschheit inzwischen für ihn »auf Posten« gestanden hätte! Andere lassen sich, zweifellos aus keinem anderen Grund, jede halbe Stunde wecken. Zum Dank dafür erzählen sie dann ihre Träume. Hat man die Nacht durchschlafen, dann sind Neuigkeiten ebenso unumgänglich notwendig wie das Frühstück. »Ach bitte, erzählt mir irgendetwas Neues, das einem Menschen irgendwo auf dieser Erde zugestoßen ist«, und während man Kaffee trinkt und Semmel isst, liest man, dass einem Mann heute Morgen auf dem Wachitofluss die Augen mit den Daumen aus der Höhle gequetscht sind. Und dabei denkt der Leser auch nicht im Entferntesten daran, dass er in der düsteren unergründeten Mammuthöhle dieser Welt lebt, dass er selbst nur rudimentäre Augen besitzt.

Ich für meine Person könnte leicht ohne Post fertig werden. Ich bin der Ansicht, dass sie nur sehr wenige Mitteilungen von Wichtigkeit vermittelt. In meinem Leben habe ich – um kritisch zu reden – nicht mehr als einen oder zwei Briefe bekommen (ich schrieb dies vor einigen Jahren), die das Porto wert waren. Die Pfennigpost ist in der Regel eine Einrichtung, durch welche man allen Ernstes einem Menschen jenen Pfennig für seine Gedanken anbietet, der ihm im Scherz nur allzu oft angeboten wurde.[18] Und dass ich niemals irgendeine bemerkenswerte Nachricht in einer Zeitung las, steht für mich fest. Wenn wir lesen, dass ein Mensch beraubt, ermordet oder durch einen Unglücksfall getötet wurde, dass ein Haus niederbrannte, ein Schiff unterging oder ein Dampfer in die Luft flog, dass eine Kuh durch die »Westliche Eisenbahn« überfahren, ein toller Hund getötet oder ein Schwarm Heuschrecken im Winter gesehen wurde – so brauchen wir das niemals wieder zu lesen. Einmal genügt. Ist Dir das Prinzip bekannt, was kümmern Dich die Myriaden von Beispielen und Anwendungen? Für den Philosophen sind alle sogenannten »Neuigkeiten« Geschwätz; und diejenigen, welche »Neuigkeiten« herausgeben oder lesen, heißen ihm alte Kaffeeschwestern. Doch nicht wenige sind lüstern nach diesem Geschwätz. Noch neulich drängten sich Menschen, welche etwas über die soeben eingetroffenen ausländischen Nachrichten erfahren wollten, in einem Postamt so sehr, dass mehrere große Glasscheiben des Gebäudes durch den Druck zerbrochen wurden. So wurde mir wenigstens erzählt. Und diese Nachrichten hätte ein Mensch mit gesundem Verstand, wie ich allen Ernstes glaube, bereits zwölf Monate oder zwölf Jahre vorher mit hinreichender Genauigkeit schildern können. Nehmen wir einmal Spanien: Wenn einer versteht, Don Carlos oder die Infantin und Don Pedro und Sevilla und Granada zur rechten Zeit in zweckentsprechender Dosierung zu verwerten – vielleicht haben sich seit den Tagen, wo ich Zeitungen las, die Namen ein wenig verändert –, so wird das alles bis aufs Tüpfelchen stimmen und uns ein just so getreues Bild von dem tatsächlichen Zustand oder Verfall der Dinge in Spanien geben wie die kürzesten und klarsten Berichte unter dieser Rubrik in den Zeitungen. Und nehmen wir England: Nun, das letzte Stückchen Neuigkeit aus dieser Himmelsrichtung war die Revolution anno 1649. Und wenn man Englands Erntestatistik für ein Durchschnittsjahr durchgesehen hat, braucht man diesem Gegenstand in Zukunft nie wieder Aufmerksamkeit zu schenken, es sei denn, dass man vom rein pekuniären Standpunkt aus zu spekulieren wünscht. Wenn der Mensch, der selten eine Zeitung durchblättert, solche Dinge zu beurteilen vermag, dann gibt es überhaupt keine neuen Ereignisse im Ausland – selbst nicht einmal eine französische Revolution.

Was scheren mich Neuigkeiten! Wie viel wichtiger ist es, das zu kennen, was nie alt war. »Kieou-he-yu (Großwürdenträger im Staate Wei) schickte einst einen Mann zu Khoung-tseu, um ›Neuigkeiten‹ zu erfahren. Khoung-tseu ersuchte den Boten, neben ihm Platz zu nehmen, und fragte ihn: Was treibt Dein Herr? Ehrerbietig antwortete der Bote: Mein Herr wünscht die Zahl seiner Fehler zu verringern, aber er wird damit nicht fertig. Als der Bote sich entfernt hatte, sprach der Philosoph: ›Welch trefflicher Bote! Welch trefflicher Bote!« Der Pfarrer sollte, anstatt die Ohren schlafmütziger Farmer an ihrem Ruhetag beim Wochenschluss – denn der Sonntag bildet den passenden Abschluss einer schlecht verwendeten Woche und nicht den frischen, mutigen Beginn einer neuen – mit einer abgedroschenen Predigt zu quälen, lieber mit Donnerstimme rufen: »Halt! Haltet ein! Warum scheinbar so schnell und doch so tödlich langsam?«

Lug und Trug werden als unerschütterliche Wahrheiten betrachtet, während die Wirklichkeit eine Fabel ist.

Wenn die Menschen nur getreulich die Wirklichkeit beachten und sich nicht täuschen lassen wollten, würde ihnen das Leben (um es mit etwas, was wir kennen, zu vergleichen) wie ein Zaubermärchen, wie ein Märchen aus *Tausendundeiner Nacht* vorkommen. Wenn wir nur auf das unser Augenmerk richteten, was unvermeidlich ist und Existenzberechtigung besitzt, würden die Straßen von Musik und Poesie widerhallen. Wenn wir ohne Übereilung und weise sind, erkennen wir, dass nur große und würdige Dinge ewig und absolut sind – dass winzige Sorgen und winzige Freuden nur Schatten der Wirklichkeit darstellen. Und dieser Gedanke stimmt froh und stolz. Weil die Menschen ihre Augen schließen und schlafen und sich durch Phantome betrügen lassen, wollen sie überall ihr Leben schematisch – auf rein illusorischer Basis – errichten. Kinder, die Leben spielen, begreifen seine wahren Gesetze und Beziehungen klarer als Erwachsene, die es nicht würdig verbringen können, die sich aber wegen ihrer Erfahrungen, d.h. wegen der erlittenen Enttäuschungen, für weiser halten. Ich habe in einem Hindu-Buch gelesen: »Es war einmal ein Königssohn, der war als Kind aus seiner Vaterstadt vertrieben. Ein Einsiedler im Wald zog ihn auf. Er wuchs dort zum Jüngling heran und glaubte, er gehöre zu den Barbaren, mit welchen er lebte. Einer von seines Vaters Abgesandten fand den Jüngling auf und offenbarte ihm seine Herkunft. Er wurde über seinen Irrtum aufgeklärt und hörte, dass er ein Königssohn sei. So«, fährt der indische Philosoph fort, »verkannte die durch äußere Einflüsse missleitete Seele ihren eigenen Wert, bis ihr durch einen heiligen Lehrer die Wahrheit offenbart wird und sie weiß, dass sie ›bráhman‹ ist.« Wir Einwohner von Neuengland führen meines Erachtens deswegen ein solches Jammerleben, weil unsere Einsicht nicht einmal die Oberfläche der Dinge durchdringt. Uns gilt der Schein als Wirklichkeit. Wenn ein Mensch durch unsere Stadt wanderte und nur das Wirkliche sähe, wo, glaubt Ihr, würde dann der »Mühlweg« bleiben? Und wenn er uns über das, was er wirklich sah, erzählen würde, würden wir den Ort nach seiner Beschreibung nicht wiedererkennen. Sieh Dir ein Versammlungs- oder Gerichtsgebäude, ein Gefängnis oder einen Laden oder ein Wohnhaus an, und sage dann, was solch ein Ding im Licht der Wahrheit ist – ja, da wird bei Deinem Bericht alles in Stücke auseinanderfallen. Die Menschen glauben, die Wahrheit ist in weiter Ferne, an den Grenzen der Welt hinter dem letzten Stern, vor Adam und nach dem letzten Menschen. Allerdings, in der Ewigkeit liegt etwas Erhabenes und Wahres. Aber all diese Zeiten und Orte und Gelegenheiten sind jetzt und hier. Gott steht in diesem Augenblick im Zenit und wird in der Flucht aller Äonen nicht göttlicher sein. Wir können nur dann Erhabenes und Edles begreifen, wenn wir ohne Unterlass die uns umgebende Wirklichkeit mit allen Fasern aufsaugen. Der Kosmos entspricht immer und gehorsam unseren Vorstellungen. Ob wir langsam oder schnell reisen – der Weg ist uns vorgezeichnet. Das Leben verbringen und das Leben begreifen sei eines nur. Kein Dichter oder Künstler hatte je einen so schönen Gedanken, dass ihn die Nachwelt nicht hätte ausführen können.

Lasst uns danach streben, bisweilen einen Tag unseres Lebens mit derselben Überlegung zu verbringen wie die Natur und nicht durch jede Nussschale oder durch einen Mückenflügel, der auf unserem Pfade liegt, aus dem Geleise gebracht zu werden. Wir wollen früh aufstehen und fasten, oder frühstücken ruhig und ohne Störung.

Besucher mögen kommen, Besucher mögen gehen, die Glocken mögen läuten und die Kinder schreien – wir wollen gern auf solche Weise den Tag verleben. Warum sollen wir die Waffen strecken und mit dem Strom schwimmen? Lasst uns nicht untergehen und ertrinken in jenem schrecklichen Strudel, in jener Untiefe zur Mittagszeit, die man *»diner«* nennt! Entreiße Dich dieser Gefahr, und Du bist gerettet, denn der übrige Weg geht hernach bergab! Mit Nerven von Stahl und mit der Kraft der Jugend fahre an dieser Klippe vorbei, sieh nach der anderen Seite, an den Mast gebunden wie Odysseus. Wenn die Lokomotive pfeift, lass sie pfeifen, bis sie heiser wird. Wenn die Glocke tönt, warum sollen wir laufen? Wir wollen lieber darüber nachdenken, was das eigentlich für eine Musik ist. Wir wollen mit uns selber ins Reine kommen, uns mutig einen Weg bahnen durch den Dreck und Kot der Meinungen, der Vorurteile und der Tradition, der Täuschung und des Scheins, durch jene Schlammschicht, die den Erdball bedeckt, durch Paris und London, New York, Boston und Concord, durch Kirche und Staat, durch Poesie, Philosophie und Religion, bis wir auf hartem, felsigem Grund an einen Ort gelangen, den wir »Wirklichkeit« nennen und von dem wir sagen können: »Das ist, und ein Irrtum ist ausgeschlossen«. Und erst dann, wenn wir einen *»point d'appui«* unter Wasser, Eis und Feuer gefunden haben, einen Ort, wo wir eine Mauer von Stein oder einen Staat errichten, ein Leuchtfeuer anbringen oder einen Pegel verankern können – kein Nilometer, sondern ein Realometer, damit künftige Zeiten erkennen, wie hoch die Wellen des Betrugs und Scheins gingen –, erst dann wollen wir unser Werk beginnen. Wenn Du eine Tatsache mit nacktem Auge scharf betrachtest, wirst Du erkennen, dass die Sonne an ihren beiden Oberflächen leuchtet, wie ein Türkenschwert. Du fühlst, wie die holde Schneide Dir durch Mark und Herz dringt, und glücklich wirst Du Dein Leben beschließen. Sei es Leben oder Tod – wir hungern nach Wahrheit. Wenn es wirklich zum Sterben geht, lasst uns das Röcheln in unserer Kehle hören, lasst uns die Kälte in unseren Gliedern fühlen. Wenn wir aber leben, wollen wir unsere Pflicht tun.

Die Zeit ist nur ein Strom, in dem ich fische. Ich trinke aus ihm, doch während ich trinke, sehe ich den sandigen Grund und entdecke, wie flach der Strom ist. Seine schwachen Wellen fließen dahin, doch die Ewigkeit bleibt. Ich will einen tiefen Trunk tun. Ich will im Himmel fischen, dort liegen Sterne als Kiesel am Grund. Ich kann nicht bis eins zählen. Ich kenne nicht den ersten Buchstaben des Alphabets. Immer hat es mich betrübt, dass ich nicht so weise war wie der Tag, der mich gebar. Der Geist ist ein Beil. Mit schneidender Schärfe bahnt er sich Weg in das Geheimnis der Dinge. Meine Hände sollen nicht mehr arbeiten, als unbedingt notwendig ist. Mein Kopf ist Hand und Fuß zugleich. Ich fühle es: Dort ruhen meine reichsten Kräfte. Mein Instinkt sagt mir, dass mein Kopf, wie bei manchem Tier Schnauze oder Vorderpfoten, ein Organ zum Bohren ist. Mit ihm möchte ich meinen Weg durch diese Hügel bohren und graben. Ich bin überzeugt, die reichste Ader ist irgendwo hier in der Nähe! Das weiß ich durch meine Wünschelrute und leicht wallende Nebeldünste. Hier will ich mit dem Bergbau beginnen.

DER TEICH IM WINTER

Nach einer stillen Winternacht erwachte ich mit dem Gefühl, dass irgendeine Frage mir gestellt sei, die ich im Schlaf vergeblich zu beantworten versuchte … Was – Wie – Wann – Wo? … Doch nun blickt die erwachende Natur, in der alle Geschöpfe leben, in meine breiten Fenster mit heiterem, zufriedenem Antlitz herein. Auf ihren Lippen schwebt keine Frage. Ich erwachte zu einer Frage, die bereits beantwortet war, zu der Natur und dem lichten Tag. Hoch lag der Schnee auf dem Erdboden, mit jungen Tannen gesprenkelt. Selbst der Hügelabhang, auf dem mein Haus steht, schien mir zuzurufen: Vorwärts! Die Natur richtet keine Fragen an uns und beantwortet auch keine, die wir Sterblichen an sie stellen. Ihr Plan ist schon vor langer, langer Zeit gefasst. »O Prinz, bewundernd schauen unsere Augen auf das herrliche, mannigfache Schauspiel des Weltalls und teilen es der Seele mit. Sicherlich verhüllt die Nacht einen Teil dieser glorreichen Schöpfung. Doch kommen wird der Tag, der uns dies gewaltige Werk enthüllt, das von der Erde in ätherische Gefilde sich erstreckt.«

Wohlan denn, zur Morgenarbeit! Zunächst ergreife ich Axt und Eimer und suche Wasser, falls das kein frommer Wunsch geworden ist. Nach einer kalten und schneeigen Nacht muss man schon eine Wünschelrute anwenden, um es zu finden. In jedem Winter erstarrt die flüssige, zitternde Oberfläche des Teichs, die so empfindlich für jeden Lufthauch war, die alles Licht und jeden Schatten widerspiegelte, bis zur Tiefe von 1–1½ Fuß, und kann nun die schwersten Gespanne tragen.

Und liegt gar bisweilen auch Schnee auf dem Eis, dann kann man den Teich von irgendeinem ebenen Feld nicht unterscheiden. Wie die Murmeltiere in den umliegenden Bergen schließt er seine Augenlider und schlummert drei Monate oder noch länger. Ich stehe auf der schneebedeckten Ebene wie auf einem Anger zwischen den Hügeln. Erst bahne ich mir den Weg durch fußhohen Schnee, dann durch fußtiefes Eis. Zu meinen Füßen öffne ich ein Fenster, knie nieder, um zu trinken, und sehe dabei in das friedliche Wohnzimmer der Fische hinab, wohin nur gedämpftes Licht – wie durch Milchglas – dringt und wo heller Sand auf dem Boden liegt, genau wie im Sommer. Hier herrscht ewige, wellenlose, selige Ruhe, wie im bernsteinfarbenen Zwielichthimmel. Sie harmoniert mit dem kühlen, gleichmäßigen Temperament der Bewohner dort unten. Der Himmel ist so gut unter unseren Füßen wie über unseren Häuptern.

Frühmorgens, wenn alle Dinge starr vom Frost sind, kommen Leute mit Angelruten und kärglichem Imbiss und lassen ihre feinen Schnüre durch das Schneefeld in die Tiefe, um Grashechte und Barsche zu fangen. Raue Menschen sind's, die instinktiv anderen Bräuchen folgen, anderen Autoritäten vertrauen als ihre Mitbürger und die durch ihr Kommen und Gehen Städte dort miteinander verbinden, wo sonst kein Verbindungsweg sich findet. In wetterfesten Anzügen aus Wolltuch sitzen sie auf dem trockenen Eichenlaub am Uferrand und verzehren ihr Mahl. Ihr instinktives Wissen ist geradeso umfangreich wie die erlernte Weisheit ihrer Mitbürger. Bücher haben sie nie um Rat gefragt. Sie wissen viel weniger und können über viel weniger Dinge sprechen, als sie vollbracht haben. Wie sie zu Werke gehen, das weiß die Menschheit bislang noch nicht. Da fischt einer Grashechte und gebraucht ausgewachsenen Barsch als Köder. Mit Erstaunen blickt man in seinen Eimer, der einem Teich im Sommer gleicht. Hatte er vielleicht gewusst, wohin der Sommer sich zurückzog, oder hielt er ihn gar in seiner Wohnung eingeschlossen? Wie war es ihm überhaupt möglich, mitten im Winter Barsche zu bekommen? Nun: Er verschaffte sich, als der Erdboden gefroren war, Würmer aus vermoderten Baumstämmen, und damit fing er sie. Der Naturforscher kann durch eifrige Studien nicht das tiefe Vertrautsein mit der Natur erlangen, welches dieser Mann sein Leben lang besitzt. Er selbst ist für den Naturforscher ein Problem. Dieser schält Moos und Rinde vorsichtig mit seinem Messer ab und sucht Insekten, jener legt mit seiner Axt Stämme bis zum Mark frei, wobei Moos und Rinde in alle Winde fliegen. Er verschafft sich seinen Unterhalt durch Abrinden der Bäume. Solch ein Mensch hat eine gewisse Berechtigung zum Fischen, und mit Freude sehe ich, wie die Natur in ihm sich offenbart. Der Barsch verzehrt den Regenwurm, der Grashecht den Barsch und der Fischer den Grashecht. So sind alle Zwischenräume an der Stufenleiter der Geschöpfe ausgefüllt.

Wenn ich bei Nebelwetter um den Teich herumschlendere, machten mir bisweilen die einfachen Methoden Freude, die ein recht naturwüchsiger Fischer anwendete. Er stellte Erlenzweige über die schmalen Löcher im Eis auf, die sechzig bis achtzig Fuß untereinander und ebenso weit vom Ufer entfernt waren, befestigte das Ende der Schnur an einem Stock, damit sie nicht durch das Loch herabgezogen werde, legte die lockere Schnur über einen Erlenzweig, der etwa einen Fuß über das Eis emporragte, und band ein trockenes Eichenblatt daran. Wenn man halbwegs um den Teich herumging, konnte man diese Erlen in regelmäßigen Abständen durch den Nebel erkennen.

Ja, diese Grashechte aus dem Waldenteich! Wenn ich sie auf dem Eis liegen sehe oder in der Vertiefung, die der Fischer ins Eis hackt und unten mit einer kleinen Öffnung versieht, um das Wasser einzulassen, bin ich immer aufs Neue von ihrer seltsamen Schönheit überrascht. Wie Märchenfische kommen sie mir vor. Sie passen so wenig auf unsere Märkte, so wenig sogar zu unseren Wäldern wie Arabien zum Concorder Leben. Eine blendende, transzendentale Schönheit ist ihnen eigen, eine Schönheit, die durch eine weite Kluft von dem leichenhaften Stockfisch und Kabeljau getrennt ist, deren Loblied man auf unseren Märkten singt. Sie sind nicht grün wie die Tannen, nicht grau wie die Steine, nicht blau wie der Himmel. Nein, für meine Augen haben sie noch seltsamere Farben als Blumen und Edelgestein, als ob sie die Perlen, die beliebten *nuclei*, oder die Kristalle des Waldenteiches seien. Sie sind Walden – nehmt alles und in allem, selbst kleine Walden des Tierreichs: Waldenses. Ich wundere mich, dass sie hier gefangen werden, dass in diesem tiefen, weiten Quell, tief unter rasselnden Gespannen, Kaleschen und klingenden Schlitten, die über die Waldenstraße fahren, diese großen goldenen und smaragdenen Fische schwimmen. Nie sah ich einen ihrer Art auf dem Markt. Er würde aller Augen auf sich lenken. Unter einigen konvulsivischen Zuckungen gibt dieses Geschöpf leicht seinen wässerigen Geist auf wie ein Sterblicher, der allzu früh in die dünne Luft des Himmels abgerufen wurde.

Ich wollte gern den lang verlorenen Boden des Waldenteichs wiederfinden. Darum begann ich im Jahre 1846 frühzeitig, noch ehe das Eis zu schmelzen anfing, mit Kompass, Messkette und Senkblei genaue Vermessungen zu machen. Viele seichte Geschichten erzählte man sich über die Tiefe oder vielmehr über die grundlose Tiefe dieses Teichs. Es ist erstaunlich, wie lange die Menschen an solch unergründliche Tiefen glauben, ohne sich die Mühe zu geben, sie zu messen. Ein Spaziergang in der Nachbarschaft machte mich mit zwei grundlosen Teichen bekannt. Manche Leute glauben, dass der Walden bis zur anderen Seite der Erdkugel sich erstrecke. Andere, die lange Zeit der Länge nach auf dem Eis gelegen und durch das trügerische Medium hinabgeblickt hatten, die womöglich obendrein noch wässerige Augen mitbrachten und zu vorschnellen Folgerungen verleitet wurden, weil sie Angst vor Erkältung der Brust hatten, behaupteten, »große Löcher, in welche bequem ein Heuwagen hineinfahren konnte« (wenn nur ein Fuhrmann da gewesen wäre), gesehen zu haben, Löcher, die ohne Zweifel die Quellen des Styx und Eingänge in höllische Regionen seien. Andere kamen mit einem sechsundfünfzig Pfund schweren Gewicht und mit einer Wagenladung Tau, das einen Zoll im Durchmesser hatte, aus dem Dorf herbei. Auch diesen Männern gelang es nicht, den Boden zu finden. Während der »Sechsundfünfziger« längst auf dem Grund ruhte, ließen sie immer mehr Tau in die Tiefe hinab und versuchten vergeblich, ihre geradezu unermessliche Glaubenskraft an Wunderdinge zu ergründen. Ich kann dagegen meinen Lesern mitteilen, dass Walden einen realen festen Boden in einer durchaus nicht irrealen, sondern nur ungewöhnlichen Tiefe besitzt. Sie wurde von mir ohne Schwierigkeit mit einer kräftigen Angelschnur und einem etwa 1½ Pfund schweren Stein gemessen. Ich konnte genau fühlen, wenn der Stein den Boden verließ. Denn dann musste ich so lange kräftiger anziehen, bis Wasser auch unter ihm dahinfloss und mir half. Die größte Tiefe betrug damals genau einhundertzwei Fuß. Da der Teich inzwischen um fünf Fuß gestiegen ist, wird man jetzt einhundertsieben finden. Das ist eine bedeutende Tiefe für solch eine kleine Fläche. Die Phantasie kann jedoch nicht einen Zoll davon missen. Wie, wenn alle Teiche seicht wären? Würde das nicht auf die Menschenherzen Einfluss haben? Ich bin dankbar dafür, dass dieser Teich tief und rein geschaffen wurde, um als Symbol zu dienen. Solange der Mensch an die Unendlichkeit glaubt, wird er auch einige Teiche für bodenlos halten.

Ein Fabrikbesitzer, der hörte, welche Tiefe ich gefunden hatte, dachte, das könne nicht richtig sein, weil nach seinen an Deichen gesammelten Erfahrungen der Sand in solch steilen Winkeln nicht liegen bliebe. Die tiefsten Teiche sind aber im Verhältnis zu dem Flächenraum, den sie bedecken, flacher, als man gewöhnlich annimmt, und würden, wenn man sie ablieβe, keine auffallend tiefen Täler bilden. Sie gleichen nicht Bechern zwischen den Bergen. Und selbst der Walden, der im Vergleich zu seinem Flächenraum ungewöhnlich tief erscheint, ist, wenn man einen Vertikalschnitt durch seine Mitte legt, nicht tiefer wie ein flacher Teller. William Gilpin, der in allem, was auf Landschaften Bezug hat, bewunderungswürdig und meistens auch exakt ist, sagte einst, als er am Fynesee in Schottland stand, »an einer Salzwasserbucht von sechzig bis siebzig Klafter[19] Tiefe und vier Meilen Breite«, die ungefähr fünfzig Meilen lang und von Bergen umgeben ist: »Wenn wir diesen See unmittelbar nach der diluvianischen Katastrophe oder nach irgendwelchen Zuckungen der Natur, die ihn schufen, gesehen hätten, ehe noch das

Wasser einströmte, als was für ein furchtbarer Abgrund würde er uns erschienen sein!«

So hoch als die stolzen Berge ragten,
So tief tat sich ein dunkler Abgrund auf
Und auch so breit; ein weites Wasserbett …

Nehmen wir nun den kleinsten Durchmesser des Fynesees und wenden ihn auf den Waldenteich an, der, wie wir bereits sahen, im Vertikaldurchschnitt bereits wie ein flacher Teller erscheint, ergibt sich, dass der Fynesee viermal seichter ist. Dieses nur nebenbei über die erhöhten Schrecken des gähnenden Fynesee-Schlunds. Zweifellos nimmt manch lachendes Tal mit seinen ausgedehnten Maisfeldern einen geradeso »furchtbaren Abgrund« ein, aus welchem das Wasser verschwunden ist. Es gehört allerdings der Einblick und der Fernblick des Geologen dazu, um die harmlosen Bewohner von dieser Tatsache zu überzeugen. Oft kann das forschende Auge die Ufer eines Ursees in den niedrigen Hügeln des Horizonts entdecken, und keine spätere Erhebung der Ebene war notwendig, um ihre Geschichte zu verheimlichen. Wie die Arbeiter, welche Landstraßen ausbessern, wissen, ist es am leichtesten, Bodeneinsenkungen an den Pfützen nach einem Regenschauer zu erkennen. Mit kurzen Worten: Hat die Phantasie auch noch so kleinen Spielraum zur Verfügung – sie taucht tiefer oder steigt höher als die Natur. So wird man vielleicht dereinst finden, dass die Tiefe des Ozeans, verglichen mit seiner Breite, sehr unbeträchtlich ist.

Da ich meine Vermessungen durch das Eis hindurch machte, konnte ich die Bodenformation mit größerer Genauigkeit bestimmen, als dies bei Seehäfen geschehen kann, denn diese frieren nicht zu. Ich wurde durch die allgemeine Regelmäßigkeit des Bodens überrascht. Im tiefsten Teil gibt es eine mehrere Morgen bedeckende Fläche, welche ebener ist als irgendein der Sonne, dem Wind und dem Pflug ausgesetztes Feld. So zum Beispiel schwankte auf einer beliebig gewählten Linie die Tiefe nur um einen Fuß auf ungefähr einhundertundvierzig Meter. Meistens konnte ich in der Nähe der Teichmitte den Tiefenunterschied auf je hundert Fuß nach jeder Richtung hin bis auf drei oder vier Zoll abschätzen. Manchmal hört man von uns gefährlichen Löchern sprechen, die selbst in solch ruhigen, sandigen Teichen wie Walden vorkommen sollen. Doch wirkt das Wasser unter solchen Verhältnissen ausgleichend auf alle Unregelmäßigkeiten des Bodens. Die Regelmäßigkeit des Grunds, seine Übereinstimmung mit den Ufern und mit der Lage der benachbarten Hügel war so vollkommen, dass ein entferntes kleines Vorgebirge sich bei den Vermessungen den ganzen Teich hindurch verfolgen ließ. Seine Richtung konnte durch die Beobachtung des gegenüberliegenden Ufers bestimmt werden. Das Kap wurde zur Sandbank und zur Untiefe, das Tal zur Bucht und ein Abgrund zu tiefem Wasser.

Nachdem ich eine Skizze (1:2000) vom Teich entworfen und meine Vermessungen – mehr als hundert – eingetragen hatte, konnte ich folgende auffallende Beobachtung machen. Da ich sah, dass die Zahl, welche die größte Tiefe bezeichnete, augenscheinlich in der Mitte der Karte sich befand, legte ich ein Lineal erst der Länge und dann der Breite nach über meine Skizze und fand zu meinem Erstaunen, dass die Linie der größten Länge die Linie der größten Breite genau im Punkt der größten Tiefe schnitt, obwohl die Mitte des Teichs fast eben war, obwohl die Außenlinien des Teichs durchaus keine Regelmäßigkeit zeigten und bei der Messung der größten Länge und Breite die Buchten mitgerechnet waren. Da sagte ich zu mir: Wer weiß, ob sich dieser Hinweis nicht ebenso gut auf den tiefsten Teil des Ozeans wie auf Teich oder Pfütze bezieht? Gilt nicht das gleiche Prinzip auch in Bezug auf die Höhe der Berge, wenn man sie als Gegenstück der Täler betrachtet? Wir wissen, dass der Hügel nicht an seinem schmalsten Teil am höchsten ist.

Von fünf Buchten zeigten drei – d.h. alle, die ich untersuchte – eine Sandbank quer vor ihrem Eingang, sodass die Bucht nicht nur eine horizontale, sondern auch eine vertikale Ausbreitung des Wassers in das Land darstellt. Sie scheint ein Wasserbecken oder ein selbstständiger Teich zu sein. Die Richtung der beiden Vorgebirge gibt den Verlauf der Sandbank an. Auch jeder Hafen an der Meeresküste hat vor seiner Einfahrt seine Sandbank. Je weiter die Mündung der Bucht im Vergleich zu ihrer Länge war, desto tiefer war das Wasser über der Sandbank im Vergleich zu dem Wasser im Becken. Sind also Länge und Breite einer Bucht zugleich mit dem Charakter des umliegenden Ufers gegeben, hat man Anhaltspunkt genug, um eine allgemeingültige Formel zu konstruieren.

Um auszufinden, wie genau ich nach meinem Prinzip die tiefste Stelle eines Teichs bestimmen könne (nur durch seine Umgrenzung und durch den Charakter seiner Ufer), machte ich eine Skizze vom Weißsee, der ungefähr vierzig Morgen bedeckt und der wie Walden weder eine Insel noch einen sichtbaren Zufluss oder Abfluss besitzt. Und da die Linie der größten Breite nahe bei der Linie der kleinsten Breite lag, dort, wo zwei gegenüberliegende Vorgebirge sich einander näherten und zwei gegenüberliegende Buchten sich ins Land hinein erstreckten, wagte ich es, einen Punkt, der nicht weit von dem kleinsten Breitendurchmesser, aber noch auf dem größten Längsdurchmesser lag, als den tiefsten zu bezeichnen. In Wirklichkeit fand ich die tiefste Stelle hundert Fuß weiter in der Richtung, die mir von Anfang an allein in Betracht zu kommen schien. Hier maß ich sechzig Fuß, d.h. nur einen Fuß mehr als an der Stelle, die ich vorausbestimmt hatte. Würde eine Insel im Teich sich befinden oder ein Fluss hindurchfließen, würde dieses Problem natürlich viel komplizierter sein.

Würden wir alle Naturgesetze kennen, wäre eine einzige Tatsache oder die Beschreibung eines einzigen realen Phänomens genügend, um alle Schlussfolgerungen zu ziehen. Nun kennen wir aber nur einige wenige Gesetze, und was wir aus ihnen folgern, ist mangelhaft, selbstverständlich nicht deshalb, weil in der Natur Verwirrung und Regellosigkeit herrschen, sondern weil wir die für das Problem wichtigsten Faktoren nicht kennen. Unsere Ideen über Gesetz und Einheit sind gewöhnlich auf Beispiele aus der Empirie gegründet. Die Einheit jedoch, die aus einer weit größeren Zahl scheinbar sich widersprechender, in Wirklichkeit aber übereinstimmender Gesetze sich ergibt, ist noch wunderbarer. Die einzelnen Gesetze ähneln unseren Gesichtspunkten. Für den Wanderer ändern sich ja auch die Umrisse eines Bergs bei jedem Schritt. Er sieht eine unendliche Anzahl von Profilen, obwohl die Form in Wirklichkeit immer die gleiche bleibt. Auch wenn wir einen Berg zerspalten oder durchbohren, werden wir ihn nicht als »Ganzes« begreifen.

Was ich vom Teich sagte, gilt mit der gleichen Wahrheit von der Moral. Auch die Moral steht unter der Lehre von den zwei Durchmessern. Diese Lehre führt uns nicht nur zur Sonne als zum Mittelpunkt eines Systems und zum Herzen des Menschen, sondern gibt uns auch, wenn wir Linien durch die Länge und Breite der Quintessenz des individuellen täglichen Menschenlebens, durch seine Lebenswellen bis hinein in alle Buchten und Zuflüsse ziehen, dort, wo diese Linien sich schneiden, über die Höhe oder die Tiefe des individuellen Charakters Aufschluss. Vielleicht brauchen wir nur zu wissen, wie seine Ufer verlaufen, wie das umliegende Land und seine Lebensbedingungen beschaffen sind, um uns über seine Tiefe, seinen verborgenen Grund klar zu werden. Ist er von Bergen, von einem achilleischen Ufer umgeben, überschatten Bergesgipfel seine Seele und spiegeln sich in ihr, kann man daraus auf eine entsprechende Tiefe in ihm selbst schließen. Wo aber ein niederes, ebenes Ufer ihn begrenzt, dort ist er selbst seicht. Bei unserem Körper verrät die kühn gewölbte Stirn Gedankentiefe. Auch eine Sandbank liegt quer vor der Einfahrt zu all unseren Buchten oder besonderen Neigungen. Und eine jede Neigung ist eine Zeit lang unser Hafen, in welchem wir zurückgehalten werden und zum Teil auch verankert sind. Diese Neigungen sind meistens nicht durch Launen diktiert, sondern in Form, Größe und Richtung durch die Vorgebirge am Ufer – durch die alte Elevationsachse – bestimmt. Wenn diese Sandbank allmählich durch Stürme, Sturmfluten oder Strömungen zunimmt oder wenn so viel Wasser abfließt, dass sie bis zur Oberfläche ragt, wird die Stelle, welche anfangs nur eine Einbuchtung des Ufers darstellte, wo ein Gedanke vor Anker lag, zum selbstständigen See. Er steht mit dem Ozean nicht in Verbindung. In ihm schafft jetzt der Gedanke sich seine eigenen Bedingungen. Er wandelt sich vielleicht vom Salzwassersee zum Süßwassersee, zum toten Meer oder zum Sumpf. Und sind wir nicht zu der Annahme berechtigt, dass bei der Ankunft eines jeden Menschen in diesem Leben eine Sandbank irgendwo auftaucht? Allerdings: Wir sind solch klägliche Schiffer, dass unsere Gedanken meist an hafenloser Küste hin und her steuern, nur mit den Nothäfen in den Buchten der Poesie vertraut sind, den Kurs auf öffentliche wohlbewachte Häfen hinnehmen, Trockendocks aufsuchen, wo sie für diese Welt notdürftig wieder zusammengehämmert werden und wo keine natürlichen Strömungen vorhanden sind, um sie zu individualisieren.

Walden hat, soviel ich weiß, keinen anderen Zufluss oder Abfluss als durch Regen, Schnee und Verdunstung. Doch könnten vielleicht mit Thermometer und Schnur solche Stellen in der Tiefe des Teichs gefunden werden, denn wo das Wasser einfließt, wird es im Sommer wahrscheinlich am kühlsten, im Winter am wärmsten sein. Als im Jahre 1846/47 Leute im Teich Eis hackten, wurden einzelne Blöcke, die ans Ufer gebracht waren, von den Arbeitern, die sie aufstapelten, zurückgewiesen, da sie nicht dick genug waren, um mit den anderen ohne Schwierigkeit geschichtet zu werden. Auf diese Weise entdeckten diese Leute, dass an einer kleinen Stelle das Eis etwa zwei bis drei Zoll dünner war als anderswo. Dadurch wurden sie veranlasst, hier einen Zufluss anzunehmen. Sie zeigten mir noch einen anderen Platz, wo sie ein »Leck« vermuteten, durch welches der Teich nach der benachbarten Wiese einen Abfluss habe. Sie fuhren mich auf einer Eisscholle dorthin, um mir das Loch zu zeigen. Es war eine kleine Aushöhlung in zehn Fuß tiefem Wasser. Ich kann übrigens die volle Verantwortung dafür übernehmen, dass der Teich nicht »gelötet« zu werden braucht, falls sich nicht etwa ein größeres »Leck« als dieses findet. Man hat auch folgenden Vorschlag gemacht: Wenn solch ein Leck und durch es tatsächlich eine Verbindung mit der Wiese existiert, ist es vielleicht möglich, den Zusammenhang dadurch nachzuweisen, dass man gefärbtes Pulver oder Sägespäne an seine Öffnung bringt und außerdem einen Filtrierstein über der Wiesenquelle befestigt. So mag es gelingen, kleine Teilchen, die durch die Strömung dorthin geschleppt sind, im Filter aufzufangen …

Während ich meine Vermessungen machte, schwankte das sechzehn Zoll dicke Eis unter dem leichten Wind wie Wasser. Es ist allgemein bekannt, dass eine Wasserwaage auf dem Eis nicht verwendet werden kann. Sechzehneinhalb Fuß vom Ufer entfernt betrug die größte Schwankung, die durch eine am Ufer aufgestellte und mit einem auf dem Eis befindlichen Messstabe verbundene Wasserwaage gefunden wurde, drei viertel Zoll. Mitten auf dem Teich war die Schwankung vielleicht noch größer. Wer weiß, vielleicht könnten wir auch eine Schwankung der Erdrinde entdecken, wenn unsere Instrumente fein genug wären. Wenn zwei Beine des Gestells einer Wasserwaage auf dem Land standen und das dritte auf dem Eis sich befand, ferner das Visier über das Eis hinüber eingestellt war, machte eine noch so unendlich kleine Schwankung des Eises an einem Baum des jenseitigen Ufers einen Unterschied von mehreren Fuß aus. Als ich zum Peilen Löcher in das Eis schnitt, fand ich drei bis vier Zoll hohes Wasser unter dem tiefen Schnee auf dem Eis. Er hatte es so weit hinabgedrückt. Das Wasser begann aber sofort in diese Löcher hineinzulaufen, floss zwei Tage in tiefen Strömen dahin, die das Eis nach jeder Richtung aushöhlten. Sie trugen hauptsächlich, wenn nicht ausschließlich, dazu bei, die Oberfläche des Teichs trockenzulegen. Und je mehr Wasser einfloss, desto mehr hob es und trug es das Eis. Wenn man ein Loch in den Boden eines Schiffs schneidet, um das Wasser herauszulassen, ist das ein ähnlicher Vorgang. Wenn diese Löcher zufrieren, dann Regengüsse niederfallen und schließlich ein neuer Frost alles mit frischem, glattem Eis überzieht, ist dieses unter der Oberfläche prächtig mit dunklen Ornamenten geschmückt, die in der Form etwas an Spinnweben erinnern und die man wohl als Eisrosetten bezeichnen könnte. Sie wurden durch die Kanälchen gebildet, welche das von allen Richtungen durch das Loch strömende Wasser ins Eis gegraben hatte. Bisweilen sah ich auch, wenn das Eis mit seichten Pfützen bedeckt war, meinen eigenen Schatten doppelt. Der eine stand auf dem Kopf des anderen, der eine auf dem Eis, der andere auf den Bäumen oder am Abhang des Hügels.

Noch ist's kalter Januar, Eis und Schnee sind noch dick und fest: Da kommt der schlaue Gastwirt aus dem Dorf herbei, um Eis zum Kühlen seiner Sommergetränke zu holen. Wie außerordentlich, ja beinahe wie betrübend klug er ist, der jetzt im Januar der Julihitze und dem Julidurst vorbeugt – im Winterüberzieher und mit Fausthandschuhen! Als wenn es jetzt nichts Wichtigeres zu tun gäbe! Vielleicht legt er keine Schätze in dieser Welt zurück, die seinen Sommerdurst in der nächsten Welt stillen werden. Er schneidet und sägt in dem gefrorenen Teich, deckt das Dach vom Haus der Fische ab und fährt ihr ureigenes Element und ihre Luft, die durch Ketten und Stöcke wie Holzbündel zusammengehalten werden, durch die günstige Winterluft fort in den Winterkeller. Dort mag der Sommer über sie hinziehen. Wie kristallisierter Azur sieht das Eis aus, wenn es in weiter Ferne die Straße entlanggefahren wird. Diese Eisarbeiter sind ein fröhlicher Menschenschlag, stets zu Scherz und Spaß aufgelegt. Wenn ich zu ihnen kam, pflegten sie mich einzuladen, ihnen beim Sägen zu helfen: Sie wollten dabei über, ich sollte unter dem Eis stehen.

Im Winter 1846/47 eilten eines Morgens wohl an die hundert Männer von hyperboreischer Abkunft an unseren Teich mit vielen Wagenladungen plump aussehender Ackergeräte, mit Schlitten, Rechen, Pflügen, Bohreggen, Rasenstechern, Schaufeln, Sägen und Harken. Außerdem war jeder Mann mit einer zweispitzigen Pike versehen, die im *Farmer in Neuengland* oder im *Cultivator* nicht beschrieben ist. Ich wusste nicht genau, ob sie Winterroggen oder irgendeine andere von Island importierte Getreideart säen wollten. Da ich keinen Dünger sah, dachte ich: Die wollen es treiben wie Du selbst – Rahm abschöpfen; denn nach ihrer Ansicht ist der Boden tief genug und hat lange genug brachgelegen. Sie erzählten mir, ein Herr Landwirt, der nicht genannt sein wolle, wünsche sein Geld (das, soviel ich erfahren konnte, sich bereits auf eine halbe Million belief) zu verdoppeln. Um aber jeden Dollar mit einem zweiten bedecken zu können, zog er dem Walden den einzigen Rock, ja die Haut selbst ab – mitten im strengen Winter! … Sie machten sich sofort an die Arbeit, pflügten, eggten, walzten und zogen Furchen, alles mit staunenswerter Genauigkeit, als ob sie fest entschlossen seien, hier eine Musterfarm einzurichten. Als ich aber genauer hinsah, um zu erfahren, was für Saat sie in die Furchen senkten, begann eine Anzahl der Gesellen neben mir mit einem ganz eigenartigen Ruck plötzlich den jungfräulichen Erdboden bis auf den Sand oder vielmehr bis auf das Wasser hinab – denn es war Quellenland –, also die ganze *terra firma*, herauszuholen und auf Schlitten fortzuschaffen. Da erriet ich, dass sie Torf im Moor stachen. So kamen und gingen sie tagaus, tagein von und nach einem Ort der eisigen Zone, während die Lokomotive auffallend laut dazu kreischte. Ich verglich diese Menschen mit einer Schar arktischer Schneevögel. Doch bisweilen rächte sich Squaw Walden. Dann glitt einer der Knechte, der hinter dem Gespann herschritt, durch einen Spalt hinunter zum Tartarus, und er, der vorher so mutig war, zitterte plötzlich wie ein Schneiderlein, büßte all seine animalische Wärme ein und war froh, in meinem Haus Zuflucht zu finden, wo er aufs Neue die Überzeugung gewann, dass ein Ofen nicht zu verachten ist. Bisweilen brach die gefrorene Erde auch ein Stück Stahl aus der Pflugschar, oder der ganze Pflug blieb in einer Erdfurche stecken und musste herausgehackt werden.

Ich übertreibe nicht, wenn ich sage, dass täglich hundert Irländer mit Yankee-Aufsehern von Cambridge kamen, um Eis zu holen. Sie schnitten es in Blöcke – die Methode ist ja allgemein bekannt und bedarf keiner Beschreibung –, brachten diese auf Schlitten ans Ufer und dort geschwind auf eine erhöhte Eisplatte. Mit Enterhaken, Rollen und Flaschenzügen, die durch Pferde in Bewegung gesetzt wurden, wurden sie so exakt übereinandergelegt wie eine gleiche Anzahl Mehlfässer, Seite an Seite, Reihe über Reihe, als ob sie das feste Postament eines wolkenspaltenden Obelisken bilden sollten. Die Arbeiter sagten mir, dass sie an einem Tag tausend Tonnen, ungefähr die Ausbeute von einem Morgen, herausbrächten. Tiefe Furchen und

»Runzeln« wurden in das Eis gegraben, wie auf *terra firma*, wo die Schlitten in den gleichen Spuren fahren. Die Pferde fraßen ihren Hafer aus eimerartigen Krippen, die ins Eis gehauen waren. Die Arbeiter türmten die Blöcke in freier Luft zu einem Pfeiler auf, der fünfunddreißig Fuß hoch war und ungefähr dreißig bis zweiunddreißig Meter im Quadrat bedeckte. Sie stopften Heu zwischen die Außenblöcke, um die Luft abzuhalten. Denn wenn der Wind auch noch so eisig hindurchbläst, er frisst doch große Höhlungen hinein, lässt nur hier und da eine leichte Stütze oder einen Eckpfeiler stehen und wirft schließlich den ganzen Turm um. Anfangs sah dieser Eisbau wie eine große blaue Festung oder wie Walhalla aus. Als die Arbeiter aber anfingen, grobes Wiesenheu zwischen die Spalten zu stecken, und als dieses mit Raufrost und Eiszapfen sich bedeckte, sah er wie eine ehrwürdige, moosbewachsene, bereifte, aus azurfarbenem Marmor gebaute Ruine aus, wie die Wohnung des Winters, jenes alten Herrn, dessen Bild wir in jedem Almanach erblicken und der sich augenscheinlich entschlossen hatte, mit uns zu übersommern. Die Leute berechneten, dass kaum fünfundzwanzig Prozent dieses Eises den Bestimmungsort erreichen würden, dass zwei bis drei Prozent im Eisenbahnwagen verloren würden. Ein noch größerer Teil dieses Eishauses hatte jedoch ein anderes Schicksal, als ihm zugedacht war. Entweder hielt sich das Eis nicht so gut, als man erwartet hatte, oder es war trotz aller Vorsichtsmaßregeln zu sehr mit der Luft in Berührung – kurz, es kam aus diesem oder jenem oder noch einem anderen Grund nie zum Verkauf. Schließlich wurde diese im Winter 1846/47 errichtete Eisburg, deren Gehalt man auf zehntausend

Tonnen schätzte, mit Heu und Brettern zugedeckt. Trotzdem sie dann im nächsten Juli wieder bloßgelegt und teilweise fortgeschafft wurde und trotzdem der Rest der Sonne ausgesetzt war, blieb sie während dieses Sommers und des nächsten Winters stehen und war erst im September 1848 ganz geschmolzen. Auf diese Weise erhielt der Teich den größten Teil zurück.

Das Eis des Walden zeigt, in der Nähe gesehen, wie sein Wasser eine grünliche Färbung. In der Ferne dagegen nimmt es eine herrliche Blaufärbung an und ist ohne Mühe – selbst auf eine viertel Meile hin – von dem weißen Eis des Flusses oder von dem durchaus grünen einiger Teiche zu unterscheiden. Bisweilen gleitet solch ein großer Eisblock vom Schlitten des Fuhrmanns auf die Dorfstraße hinab und bleibt dort, wie ein großer Smaragd, eine Zeit lang liegen – ein Gegenstand des Interesses für alle Vorübergehenden. Ich bemerkte, dass ein Teil des Walden, dessen Wasser eine grüne Farbe zeigte, gefroren und von derselben Seite aus gesehen blau erschien. So sind auch die in der Nähe des Teichs befindlichen Erdeinsenkungen manchmal mit Wasser gefüllt, das so grün ist wie der Teich selbst, das aber, am nächsten Tag gefroren, blau aussieht. Die blaue Farbe des Wassers und des Eises ist vielleicht auf ihren Gehalt an Licht und Luft zurückzuführen: Je stärker die Durchsichtigkeit, desto intensiver das Blau. Eis ist für die Betrachtung ein interessanter Gegenstand. Man hat mir erzählt, dass in einigen Eishütten am Fresh Pond fünf Jahre altes Eis noch nichts an Qualität verloren habe. Warum verdirbt ein Eimer voll Wasser so schnell, und warum bleibt es gefroren immer frisch? Derselbe Unterschied, hörte man häufig sagen, besteht zwischen den Leidenschaften und dem Verstand …

So sah ich denn sechzehn Tage lang von meinem Fenster aus hundert Männer wie fleißige Farmer bei der Arbeit mit Wagen und Pferden und Ackergeräten aller Art: ein Bild, wie es uns die erste Seite eines Almanachs zeigte. Und jedes Mal, wenn ich zu ihnen hinüberschaute, musste ich an die Fabel von der Lerche und den Schnittern, an das Gleichnis vom Sämann und an ähnliche Dinge denken. Jetzt sind sie alle fort. Und wenn wieder dreißig Tage verflossen sind, dann werde ich vielleicht durch dasselbe Fenster auf das reine, meergrüne Waldenwasser hinausschauen, in welchem Wolken und Bäume sich spiegeln, während er einsam seinen Atem in die Luft sendet. Keine Spur wird darauf hindeuten, dass je ein Mensch hier stand. Vielleicht werde ich wieder einen einsamen Taucher lachen hören, wenn er untertaucht oder sein Gefieder putzt. Vielleicht sehe ich dann wieder einen einsamen Fischer in seinem Boot, das einem auf den Wellen tanzenden Blatt gleicht, einen einsamen Fischer, der in den Fluten gerade dort sein eigenes Bild erblickt, wo noch vor kurzer Zeit hundert Männer furchtlos arbeiteten.

So weiß ich also, dass die verschmachtenden Einwohner von Charleston und New Orleans, von Madras, Bombay und Kalkutta aus meinem Quell trinken. Morgens bade ich meinen Geist in der unbegreiflich hohen und kosmogonischen Philosophie der Bhagavadgita, seit deren Geburt Götterjahre verflossen sind und im Vergleich zu der unsere moderne Welt und unsere moderne Philosophie schwach und flach erscheinen. Ich kann mich des Gedankens nicht erwehren, dass diese Philosophie auf einen früheren Daseinszustand zurückgeführt werden muss, der in seiner Erhabenheit unserem Verstand unfasslich ist … Ich lege das

Buch aus der Hand und gehe zu meinem Quell, um Wasser zu schöpfen. Und siehe da! Dort treffe ich den Diener des Brahminen, des Priesters von Brahma, Vishnu und Indra. Noch immer sitzt er in seinem Tempel am Ganges und liest in den Veden, oder er lebt zu Füßen eines Baumes mit seiner Brotrinde und seinem Wasserkrug. Ich treffe den Diener, der Wasser für seinen Herrn holt, und unsere Eimer klirren gleichsam aneinander in demselben Quell ... Das reine Waldenwasser ist mit des Ganges heiligen Fluten vermischt. Günstige Winde treiben es fort, vorbei an der Stelle, wo einst die Märcheninseln der Atlantis und der Hesperiden lagen. Es macht den Periplus des Hanno[20] flutet an Ternate und Tidore[21] und an der Mündung des Persischen Golfs vorbei, zerstäubt unter den tropischen Stürmen des Indischen Ozeans und landet in Häfen, von denen Alexander nur den Namen hörte.

Wenn die Eisarbeiter große Flächen abtragen, bricht der Teich meistens früher auf, da das vom Wind bewegte Wasser selbst bei kaltem Wetter das die Löcher umgrenzende Eis wegfrisst. Das traf in diesem Jahr beim Walden nicht zu, denn er hatte schon bald wieder ein neues, dickes Wams anstelle des geraubten angezogen. Dieser Teich wird nie so zeitig eisfrei wie andere in der Nachbarschaft, erstens, weil er größere Tiefe besitzt, und zweitens, weil kein Fluss durch ihn hindurchfließt, der das Eis schmelzen oder aushöhlen könnte. Ich erinnere mich nicht, dass er jemals im Winter aufbrach, selbst nicht im Winter 1852/53, wo die Teiche auf eine harte Probe gestellt wurden. Gewöhnlich fängt er ungefähr am ersten April an aufzutauen, acht bis zehn Tage nach dem Flintteich und nach Fair Haven. Das Eis schmilzt zuerst an der Nordseite und an jenen seichten Stellen, an denen es auch zuerst sich bildete. Er zeigt besser als irgendein anderes Wasser ringsum den absoluten Fortschritt der Jahreszeit an, da er von vorübergehenden Temperaturschwankungen am wenigsten beeinflusst wird. Wenn es im März einige recht kalte Tage hintereinander gibt, kann dadurch das Auftauen der erstgenannten Teiche bedeutend verzögert werden, während die Temperatur im Waldensee nahezu konstant steigt. Ein am 6. März 1847 in der Mitte des Walden ins Wasser versenktes Thermometer zeigte 32 Grad Fahrenheit, also den Gefrierpunkt. Nahe am Ufer gab es 33 Grad an; in der Mitte vom Flintteich an demselben Tag 32½ Grad und etwa fünfzig Meter vom Ufer entfernt in seichtem

Wasser unter fußdickem Eis 36 Grad. Dieser Unterschied von 3½ Grad zwischen der Temperatur des tiefen und des seichten Wassers im Flintteich und die Tatsache, dass ein großer Teil dieses Gewässers verhältnismäßig flach ist, erklären, weshalb es so viel früher aufbricht als der Walden. Das Eis war an den seichten Stellen mehrere Zoll dünner als in der Mitte. Im strengen Winter war die Mitte am wärmsten und das Eis daselbst am dünnsten. Jeder, der einmal im Sommer am Ufer eines Teichs gewatet hat, konnte beobachten, wie viel wärmer das Wasser dicht am Ufer ist (wo die Tiefe nur drei bis vier Zoll beträgt) als etwas weiter hinaus, wie viel wärmer tiefes Wasser in der oberen Schicht als nahe am Grund ist. Im Frühjahr übt die Sonne nicht nur durch die erhöhte Temperatur der Erde und der Luft Einfluss aus, sondern ihre Wärmestrahlen dringen durch mehr als fußdickes Eis, werden in seichtem Wasser vom Boden reflektiert, wärmen also das Wasser und bringen die Unterfläche des Eises zum Schmelzen, während sie gleichzeitig und auf direktem Weg auch die Oberfläche bearbeiten, sodass sie uneben wird und die Luftblasen im Eis sich nach oben und unten ausdehnen, bis die Eisfläche endlich ganz wie eine Honigscheibe aussieht und während eines Frühlingsregens plötzlich verschwindet. Das Eis hat seine Faserung so gut wie das Holz, und wenn ein Eisstück anfängt zu zerfallen oder Zellen zu bilden, d. h., wenn es das Aussehen einer Honigscheibe annimmt, stehen die Luftzellen rechtwinklig zur ehemaligen Wasseroberfläche, ganz einerlei, in welcher Lage sich das Eisstück befindet. Dort, wo ein Felsen oder ein Baumstumpf nahe an die Oberfläche emporragt, ist das Eis bedeutend dünner, ja es ist sogar häufig durch die zurückgestrahlte Wärme völlig geschmolzen. In Cambridge hat man, wie mir erzählt wurde, den Versuch gemacht, Wasser in einem flachen Holzgefäß zum Gefrieren zu bringen. Dabei stellte sich heraus, dass die vom Boden des Gefäßes reflektierten Sonnenstrahlen, die unter dem Gefäß und auch zu beiden Seiten zirkulierende kalte Luft an Kraft übertrafen. Wenn ein warmer Regen mitten im Winter den Schnee auf dem Walden-Eis zum Schmelzen bringt und in der Mitte hartes, dunkles oder durchsichtiges Eis zurücklässt, sieht man meistens am Ufer einen etwa sechzehn Fuß breiten Streifen aus brüchigem, wenn auch dickerem Eis. Er verdankt sein Aussehen der zurückgestrahlten Wärme. Obendrein wirken, wie ich früher bereits einmal erwähnte, die im Eis befindlichen Blasen selbst als Brenngläser und bringen das unter ihnen befindliche Eis zum Schmelzen.

Die Erscheinungen des Jahres spielen sich in kleinem Maßstab täglich an einem Teich ab. Jeden Morgen wird – im Großen und Ganzen gesprochen – das flache Wasser schneller erwärmt als das tiefe (es braucht darum durchaus nicht so warm zu werden wie dieses), und an jedem Abend wird es rascher bis zum Morgen abgekühlt. Der Tag ist ein kurzer Auszug des Jahres. Die Nacht ist dem Winter, Morgen und Abend sind dem Frühling und Herbst zu vergleichen, und der Mittag ist die Sommerglut. Das Krachen und Dröhnen des Eises zeigt eine Temperaturveränderung an. An einem prächtigen Morgen nach einer kalten Nacht, am 24. Februar 1850, war ich zum Flintteich gewandert, um dort den Tag zuzubringen. Da bemerke ich mit Erstaunen, dass im Eis, wenn ich mit dem dicken Ende meiner Axt draufschlug, viele Meter weit ringsum ein Klang sich fortpflanzte, als ob ich ein Gongong oder eine straff gespannte Trommel berührt habe. Ungefähr eine Stunde nach Sonnenaufgang, sobald der Einfluss der Sonnenstrahlen sich bei ihm bemerkbar machte, die über die Hügelspitzen auf ihn herniederfielen, begann der Teich zu krachen. Er reckte und streckte sich, gähnte wie ein erwachender Mensch unter allmählich zunehmendem Spektakel. Das dauerte ungefähr drei bis vier Stunden lang. Um die Mittagszeit hielt er ein kleines Schläfchen, um gegen Abend, wenn er die Sonne nicht mehr spürte, abermals zu krachen. Ist das Wetter günstig, dann feuert ein Teich sein Abendgeschütz mit großer Regelmäßigkeit ab. Nur um die Mittagszeit, wo er viele Wunden besitzt und wo auch die Luft weniger elastisch ist, verliert er seine Resonanz ganz und gar. Wenn man dann auf ihn schlägt, jagt man den Fischen und den Bisamratten keinen Schrecken ein. Die Fischer glauben, dass das Donnern des Teichs die Fische scheu macht und dass sie deshalb nicht anbeißen. An jedem Abend donnert der Teich übrigens nicht. Auch lässt sich nicht mit Bestimmtheit voraussagen, wann es geschehen wird. Wenn ich auch keinen Witterungswechsel bemerke, er kann es. Wer hätte solch ein großes, kaltes und dickhäutiges Geschöpf für so empfindlich gehalten? Doch auch ein Teich steht unter bestimmten Gesetzen, denen er donnernd Gehorsam bezeugt, wenn er so sicher wie die Knospen im Frühling aufbrechen muss. Überall lebt die Erde, überall ist sie mit Papillen bedeckt. Der größte Teich ist so empfindlich für atmosphärische Veränderungen wie das Quecksilbertröpfchen in seiner Röhre.

Zu meiner Niederlassung in den Wäldern bestimmte mich auch der Umstand, dass ich dort Muße und Gelegenheit finden konnte, den Frühlingseinzug zu beobachten. Endlich fängt das Teicheis an wie eine Honigscheibe auszusehen. Ich kann meinen Schuhabsatz hineinbohren, wenn ich hinübergehe. Nebel, Regenschauer und wärmere Strahlen schmelzen allmählich den Schnee. Die Tage sind schon merklich länger geworden. Ich weiß jetzt, dass ich in diesem Winter meinen Holzvorrat nicht mehr zu ergänzen brauche. Großer Feuer bedarf es nicht mehr. Aufmerksam fahnde ich nach dem ersten Anzeichen des Frühlings, nach dem ersten verlorenen Zwitschern eines ankommenden Vogels, nach dem Gezirpe des gestreiften Eichhörnchens – denn sein Proviant muss jetzt beinahe verzehrt sein –, nach dem ersten Ausfall des Murmeltiers aus seinem Winterlager. Schon hatte ich die blaue Grasmücke[22], den Singsperling und die Weindrossel gehört, und doch war am 13. März das Eis noch fast einen Fuß dick. Als wärmeres Wetter eintrat, wurde es nicht auffallend vom Wasser weggefressen, brach auch nicht auf und wurde nicht wie in Flüssen fortgetrieben. Am Ufer war es zwar in einer Ausdehnung von ungefähr 1¾ Metern ganz weggeschmolzen, in der Mitte dagegen hielt es stand, sah zellig aus und war mit Wasser so sehr durchtränkt, dass man seinen Fuß selbst dort, wo es sechs Zoll dick war, hindurchstoßen konnte. Am nächsten Tag war es – vielleicht durch einen warmen Regen, dem Nebel folgte – ganz verschwunden, mit dem Nebel auf und davon – im Nebel entführt. Einmal war ich sogar noch über die Mitte gegangen, fünf Tage bevor es gänzlich verschwunden war. 1845 war Walden am 1. April völlig eisfrei. 1846 am 25. März; 1847 am 8. April; 1851 am 28. März; 1852 am 18. April; 1853 am 23. März; 1854 ungefähr am 7. April.

Jeder Vorgang, der mit dem Aufbrechen der Flüsse und Teiche und mit regelmäßigerer Witterung zusammenhängt, ist besonders für uns, die wir in einem solch großen Schwankungen unterworfenen Klima leben, interessant. Wenn wärmere Tage kommen, dann hören die in der Nähe der Flüsse wohnenden Menschen während der Nacht das Krachen und erschreckende Dröhnen des Eises, das wie Artilleriefeuer klingt oder als ob der Fluss seine Eisfesseln kurz und klein reißen wolle. Nach wenigen Tagen sehen sie dann das Eis hurtig davontreiben. So kriecht der Alligator aus dem Schlamm empor, wenn die Erde erbebt. Ein alter Mann, ein scharfer Beobachter der Natur, der all ihr Tun und Treiben so gut zu kennen scheint, als ob sie während seiner Kinderjahre auf Dock gelegen und er beim Einsetzen ihres Kiels geholfen hätte, dieser alte Mann, der, selbst wenn er so alt wie Methusalem werden sollte, sich kaum mehr natürliche Kenntnisse erwerben wird, erzählte mir (und ich war erstaunt, dass irgendein Vorgang in der Natur ihn in Erstaunen setzen konnte, weil ich glaubte, zwischen ihr und ihm bestände kein Geheimnis), dass er an einem Frühjahrstag seine Flinte genommen und das Boot bestiegen habe, um sich ein wenig mit den Enten zu unterhalten. Die Wiesen waren noch mit Eis bedeckt, der Fluss dagegen war eisfrei, und ohne Mühe kam er von Sudbury zum Fair-Haven-Teich hinab, den er zu seinem Erstaunen mit festem Eis bedeckt fand. Der Tag war warm, und er wunderte sich, wie eine solch große Eismasse sich noch behaupten konnte. Da er keine Enten sah, verbarg er sein Boot an der Nordseite, d. h. an der Rückseite einer Insel, und versteckte sich dann selbst in dem Unterholz an der Südseite, um auf die Tiere zu warten. Am Ufer war das Eis im Umkreis von zwölf bis fünfzehn Metern geschmolzen. Das Wasser war dort ruhig und warm, der Grund schlammig, wie ihn Enten lieben. Er glaubte, die Tiere würden sich schon bald einfinden. Nachdem er ungefähr eine halbe Stunde lang ruhig dort verweilt hatte, hörte er ein dumpfes und augenscheinlich sehr entferntes, aber ein eigenartig erhabenes und eindrucksvolles Geräusch, das sich mit keinem anderen je von ihm gehörten Laut vergleichen ließ. Immer mehr schwoll es an, als ob eine furchtbare Weltkatastrophe herannahe. Und plötzlich kam es ihm so vor, als ob dieses dumpfe Rauschen und Brausen von einem großen Schwarm Wasservögel herrühre, die sich hier niederlassen wollten. So griff er denn schnell seine Büchse und sprang erregt empor. Da fand er zu seiner Überraschung, dass der ganze Eiskörper sich während seines Wartens in Bewegung gesetzt hatte und gegen das Ufer trieb. Das Geräusch aber, das er vernommen hatte, war durch das Reiben des Eises am Ufer erzeugt. Erst wurde es stückweise abgebröckelt und abgespalten, dann aber türmte es seine Schollen zu einer beträchtlichen Höhe am Ufer des Teichs empor, bevor es zum Stillstand kam.

Endlich haben die Sonnenstrahlen den rechten Winkel erreicht. Warme Winde blasen Nebel und Regen fort und schmelzen die Schneehaufen. Die Sonne zerteilt den dunstigen Schleier und lacht auf eine rotbraun und weiß getüpfelte Landschaft herab, die Weihrauch zu ihr emporsendet und durch welche der Wanderer von Inselchen zu Inselchen seinen Weg sucht, während ihn der Gesang von tausend murmelnden Bächlein und Flüsschen erfreut, die in ihren Adern Winterblut davontragen.

Selten hatte ich größere Freude an der Beobachtung einer Naturerscheinung als beim Anblick jener Formen, welche im auftauenden Sand und Ton zutage traten, wenn Sand oder Ton an den Seiten eines tiefen Eisenbahnhohlwegs, an welchem ich auf meinem Weg zum Dorf vorbeikam, herabflossen. In solch großem Maßstab sieht man dieses Phänomen nicht sehr häufig, obwohl die Anzahl frisch aufgeworfener Dämme aus diesem Material sich seit der Erfindung der Eisenbahnen sehr vermehrt haben muss. Das Material bestand aus Sand in allen Feinheitsgraden und in verschiedenen warmen Farben, meistens mit ein wenig Ton vermischt. Wenn die Kälte im Frühjahr nachlässt, ja selbst an einem Tautag im Winter beginnt der Sand die Abhänge hinunterzufließen wie Lava, wobei er bisweilen durch den Schnee hindurchbricht und ihn dort, wo bisweilen kein Sand zu sehen war, überschwemmt. Zahllose kleine Bäche überspringen einander, verflechten sich miteinander, wodurch ein hybrides Gebilde entsteht, das halb dem Gesetz der Strömung, halb dem der Vegetation gehorcht. Beim Fließen nimmt es die Gestalt saftiger Blätter oder Ranken an, bildet Haufen weicher Zweige, die mehr als einen Fuß dick sind und die, wenn man auf sie niedersieht, dem ausgezackten gelappten und dachziegelförmigen Thallus einiger Flechten gleichen. Oder man wird an Krallen erinnert, an Leopardentatzen oder Vogelfüße, an Hirn, Lungen oder Gedärme, an Exkremente aller Art. Es ist wirklich eine groteske Vegetation, deren Form und Farbe wir in Bronze nachgeahmt sehen, eine Art architektonisches Laubwerk, älter und typischer als Akanthus, Zichorie[23], Efeu, Rebe oder irgendein Pflanzenblatt. Vielleicht ist sie dazu bestimmt, unter gewissen Umständen den Geologen der Zukunft Rätsel aufzugeben. Der ganze Hohlweg machte auf mich den Eindruck einer mit Tageslicht überfluteten Stalaktitenhöhle. Die mannigfachen Schattierungen des Sands sind auffallend reich und ansprechend. Sie umfassen die verschiedenen Eisenfarben, Braun, Grau, Gelblich und Rötlich. Wenn die flutende Masse den Graben erreicht, breitet sie sich flacher in Strähnen aus. Die getrennten Ströme verlieren ihre halb zylindrische Form, werden allmählich flacher und breiter und vereinigen sich, sobald mehr Feuchtigkeit sie durchdringt, sodass sie schließlich einen flachen Strand bilden, der noch immer mannigfaltig und prächtig schattiert ist und in dem man noch die ursprüngliche Pflanzenform zu erkennen vermag. Schließlich werden sie im Wasser zu Sand, zu Sandbänken, wie sie sich vor Flussmündungen bilden. Dann verliert sich die Pflanzenform in den welligen Erhebungen des Grunds.

Die ganze etwa zwanzig bis dreißig Fuß hohe Böschung ist an einer Seite und bisweilen gar an zwei Seiten mit Massen dieses Blätterwerks oder dieses »Sandbruchs« eine viertel Meile lang bedeckt. Sie alle schuf ein einziger Frühlingstag! Dieses Sandlaub ist deswegen so merkwürdig, weil es so außerordentlich schnell sich entfaltet. Wenn ich an der einen Seite die träge Dammböschung entlangsehe – denn die Sonne arbeitet zuerst nur an einer Seite – und an der anderen dieses üppige Laubwerk erblicke, habe ich das Gefühl, als ob ich gewissermaßen in der Werkstatt jenes Künstlers stände, der die Welt und mich geschaffen hat, als ob ich zu ihm gekommen sei, während er noch bei der Arbeit ist und gerade diese Böschung spielend schafft, im Übermaß der Kraft neue Ornamente hier verstreuend. Ich habe das Gefühl, als ob ich den Eingeweiden des Erdballs näherstehe, denn diese sandige Überschwemmung ist gewissermaßen eine solch verzweigte Masse wie die Eingeweide des animalischen Körpers. So findet man also sogar im Sand eine Antizipierung des Pflanzenblatts. Kein Wunder, dass die Erde sich nach außen in Blättern ausspricht, da in ihr dieser Gedanke wohnt. Die Atome haben schon dieses Gesetz gelernt und sind damit erfüllt. Das schattenspendende Blatt sieht hier sein Vorbild. Innerlich, einerlei ob im Erdball oder im menschlichen Körper, ist es ein feuchter dicker Lappen, ein Wort, das sich besonders auf Leber, Lungen und Fettlappen anwenden läßt, λείβω, *labor*, *lapsus*, laufen oder gleiten, »Lapsus«; γόβος, *globus*, *lobe*, *globe*, auch *lap*, lappen, *flap*, klappen, und viele andere. Äußerlich ist es ein dünnes Blatt (engl. *leaf*) und *f* und *v* sind getrocknete *b*. Die Wurzel von *lobe* (Lappen) ist *lb*: die weiche Masse des *b* einlappig oder *B* doppellappig; dazu das flüssige *l*, das sie vorwärtsschiebt. In *globe*, *glb*, wird die Funktion des Rachens zu Hilfe genommen, um durch das *g* den Sinn des Wortes zu vermehren. Die Federn und Flügel der Vögel sind noch trockenere, dünnere Blätter. So werden wir also aus der plumpen Larve im Erdboden zum luftigen, flatternden Schmetterling. Der Erdball selbst übertrifft sich beständig und wird in seiner Bahn beflügelt. Selbst das Eis gleicht anfangs Kristallblättern, als ob es in Formen geflossen wäre, die das Laub der Wasserpflanzen in den Wasserspiegel eindrückte. Ja, der ganze Baum ist nur ein Blatt. Flüsse sind noch größere Blätter; die zwischen ihren Windungen liegende Erde ist ihr Fleisch, und die Städte und Städtchen sind die Insekteneier in den Winkeln, welche von den Abzweigungen gebildet werden.

Nach Sonnenuntergang hört der Sand zu fließen auf. Am Morgen beginnen die Ströme jedoch aufs Neue zu fluten und zahllose Verästelungen zu bilden. Hier kann man vielleicht beobachten, wie Blutgefäße sich bilden. Beim genauen Hinsehen bemerkt man, dass zuerst von der tauenden Masse ein Strom weichen Sands, dessen Spitze wie ein Tropfen aussieht, sich absondert, dass dieser Strom wie eine Fingerspitze langsam und blind seinen Weg abwärtstastet, bis dann schließlich, während die Sonne höher und höher steigt und mehr Hitze und Feuchtigkeit sich entwickelt, der flüssigste Teil in seinem Bestreben, dem Gesetz zu gehorchen, dem auch der schwerfälligere Teil unterworfen ist, sich von dem Hauptstrom abtrennt und selbstständig eine gewundene Rinne oder Arterie bildet, in welcher kleine, silberne Ströme von einem Teil der fleischigen Blätter oder Zweige zum anderen wie Blitze leuchten und bisweilen vom Sand verschlungen werden. Es ist wunderbar, wie schnell und mit welcher Vollkommenheit der Sand beim Fließen sich formt, indem er das beste Material, das in seiner Masse enthalten ist, benutzt, um die scharfen Ufer seines Kanals zu bilden. So mag es auch an den Quellen der Flüsse geschehen. Vielleicht ist in den Silikaten, die das Wasser absetzt, das Knochengerüst und in dem noch feineren Erdsediment und in den organischen Stoffen die Fleischfaser oder das Zellengewebe enthalten. Was ist der Mensch anderes als eine Masse auftauenden Tons? Die Fingerspitze des Menschen ist ein erstarrter Tropfen. Die Finger und die Zehen fließen von der auftauenden Masse des Körpers nach der äußersten Peripherie des Körpers hin fort. Wer weiß, wie der menschliche Körper sich unter einem noch lieblicheren Himmel ausdehnen, wie er überströmen würde! Ist nicht die Hand ein Palmblatt mit seinen Läppchen und Adern? Das Ohr mit seinem Läppchen oder Tröpfchen kann man, wenn man die Phantasie zu Hilfe nimmt, als eine Flechte, *umbilicaria*, an den Seiten des Kopfes betrachten. Die Lippen (*labium* von *labor*?) sind Lappen oder Auslappungen an den Seiten der Mundhöhle. Die Nase ist augenscheinlich ein geronnener Tropfen, ein Stalaktit. Das Kinn ist ein noch größerer Tropfen – der Tropfenfall vom Gesicht sammelt sich hier an. Die Wangen sind von der Stirn in das Tal des Gesichts hinuntergerutscht: Durch die Backenknochen wurden sie aufgehalten und breiteten sich flächenhaft aus. Jedes abgerundete Läppchen eines Pflanzenblatts ist ebenfalls ein dicker, jetzt zaudernder, größerer oder kleinerer Tropfen. Die Zacken sind die Finger des Blatts, und so viele Jacken es hat, nach so vielen Richtungen will es fließen. Noch mehr Wärme oder andere ihm zusagende Einflüsse würden es veranlasst haben, noch weiter sich auszubreiten.

So hatte es den Anschein, als ob dieser eine Hügelabhang das Prinzip aller Naturvorgänge enthülle. Der Schöpfer dieser Erde patentierte nur ein Blatt. Welcher Champollion[24] wird diese Hieroglyphe für uns enträtseln, damit wir schließlich ein neues Blatt umwenden können? Dieses Phänomen gewährte mir größere Freude als die üppige Fruchtbarkeit der Weingärten. Allerdings: Es hat etwas Exkrementartiges in seinem Charakter, und die Zahl der Haufen aus Lebern, Lungen und Gedärmen nimmt kein Ende, als ob der Erdball gewendet wäre und die Innenseite nach außen läge … Aber man wird hierdurch wenigstens daran gemahnt, dass die Erde Eingeweide besitzt und auch hier die Mutter der Menschheit ist … Das ist der Frost, der aus dem Boden kommt – das ist Frühling … Er ist der Vorbote des grünen, blühenden Frühlings, wie die Mythologie der Vorbote der Dichtkunst an sich ist. Nichts reinigt uns besser von Winterqualen und Verdauungsschwäche. Er überzeugt mich, dass Mutter Erde noch immer in den Windeln liegt und ihre Kinderfinger nach allen Seiten ausstreckt. Frische Locken bedecken die nackteste Stirn. Nichts Unorganisches ist zu bemerken. Diese Haufen Laubwerk liegen den Damm entlang wie die Schlacken eines Ofens und beweisen, dass die Natur innen »unter Hochdruck« steht. Die Erde ist durchaus kein Fragment toter Geschichte, wo *stratum* über *stratum* wie eine Druckseite über der anderen liegt, kein Fragment, das Geologen und Archäologen hauptsächlich erforschen sollen, sondern lebendige Dichtung wie die Blätter eines Baums, die den Blüten und Früchten vorauseilen – keine versteinerte, sondern lebendige Erde. Mit ihrem gewaltigen, zentralen Leben verglichen erscheint alles animalische und vegetabilische Leben nur schmarotzerhaft. Ihr Kreißen wird unsere *exuviae* aus den Gräbern heben. Und wenn wir auch Metalle schmelzen und ihnen die schönsten Formen geben: Sie können mich nicht so ergreifen wie die Formen, in welche diese geschmolzene Erde sich ergießt. Nicht nur die Erde, nein auch ihre Satzungen sind plastisch wie der Ton in des Töpfers Hand.

Und gar bald kommt nicht nur aus diesen Dämmen, sondern aus jedem Hügel, aus der Ebene und aus jeder Höhlung der Frost aus dem Boden wie ein schläfriger Vierfüßler aus seinem Schlupfwinkel hervor, wandert mit Gesang dem Meer zu oder zieht in den Wolken in fremde Lande. Tau ist mit seiner milden Überredungskunst mächtiger als Thor mit seinem Hammer. Der eine schmilzt – der andere zertrümmert nur.

Als der Boden teilweise schneefrei war und einige warme Tage seine Oberfläche etwas getrocknet hatten, war es ein Genuss, die ersten zarten Zeichen des eben aus der Erde hervorlugenden, neugeborenen Jahres mit der stolzen Schönheit der verdorrten Vegetation zu vergleichen, welche den Winter überdauert hatte. Immergrün, Goldstab, die Spierstaude und anmutiges, wildes Gras fallen jetzt mehr auf, erwecken jetzt mehr Interesse als im Sommer, als ob ihre Schönheit erst jetzt zu voller Reife gelangt sei.

Und das Woll- und Katzenschwanzgras, Wollkraut, Beifuß-, Nadel- und Mehlkraut und andere Pflanzen mit derbem Stängel, diese unerschöpflichen Kornspeicher, welche den ersten Vögeln Nahrung gewähren, gleichen dem bescheidenen Gewand, das die verwitwete Natur zunächst noch trägt. Hauptsächlich interessiert mich die gewölbte und garbenartige Spitze des Wollgrases. Sie ruft im Winter den Sommer zurück und zeigt jene Formen, welche die Kunst mit Vorliebe nachahmt und welche im Königreich der Pflanzen dieselbe Beziehung zu dem Menschenherzen bereits bekannten Typen haben wie die Astronomie. Sie gibt einen uralten Stil wieder, der älter ist als der griechische oder der ägyptische. Viele Erscheinungen, die der Winter mit sich bringt, sind unaussprechlich zart, zerbrechlich und zierlich. Wir sind daran gewöhnt, dass dieser König als ein wilder, ungebändigter Tyrann geschildert wird. Er schmückt jedoch mit der Zärtlichkeit eines Verliebten des Sommers Locken …

Als der Frühling herannahte, kamen – immer gepaart – die roten Eichhörnchen unter mein Haus. Sie liefen über meine Stiefel, wenn ich dasaß und las oder schrieb. Dabei ließen sie das wunderlichste Glucksen und Girren, vokale Pirouettieren und Kichern hören, das ich je vernahm. Und wenn ich dann mit den Füßen stampfte, kicherten sie nur umso lauter, als ob sie mit ihren verrückten Possen jenseits von Furcht und Achtung ständen und der Menschheit das Recht absprächen, ihnen Einhalt zu gebieten … Was fällt Euch denn ein! … Chikarie, chikarie! … Sie blieben meinen Forderungen gegenüber vollkommen taub oder konnten ihre Berechtigung nicht einsehen. Sie schimpften dermaßen, dass man ihnen gegenüber machtlos war.

Der erste Sperling des Frühlings! Mit jüngerer Hoffnung denn je beginnt das Jahr! Einen leisen silbernen Triller lassen der Singsperling, die Weindrossel und die blaue Grasmücke über die teilweise noch nackten, feuchten Felder erschallen, als ob die letzten Winterflocken klingend herniederschweben. Wie wertet man in solchen Stunden Geschichte, Chronologien, Traditionen und alle geschriebenen Offenbarungen? Die Bäche singen Lobgesänge und jubeln dem Frühling zu. Tief über die Wiesen hin segelt der Sumpffalke und späht nach dem ersten schleimigen Leben, das hier erwacht. Der ersterbende Ton des schmelzenden Schnees lässt sich überall vernehmen, und schnell löst sich das Eis auf den Teichen. An den Hügelhängen flammt das Gras wie ein Frühlingsfeuer empor – »*et primatus oritur herba imbribus primoribus evocata*« – als ob die Erde ein inneres Feuer nach außen sende, um die Wiederkunft der Sonne zu begrüßen. Nicht Gelb, nein, Grün ist die Farbe dieser Flamme … Das Symbol ewiger Jugend, der Grashalm, quillt wie ein langes grünes Band aus dem Boden in den Sommer hinein; zwar hat er mit dem Frost zu kämpfen, doch weiter und immer weiter strebend erhebt er seinen dürren Speer vom letzten Jahr in die Lüfte, während frisches Leben unten schon sich regt. Er wächst so stetig, wie das Bächlein aus dem Boden sickert, ja er ist identisch mit ihm. Denn wenn im Juni die langen Tage kommen und die Wässerchen austrocknen, dann sind die Grashalme ihre Kanäle, und jahraus, jahrein trinken die Herden diesen unversieglichen grünen Strom, welchem der Schnitter beizeiten seinen Wintervorrat entnimmt. So stirbt auch unser Menschenleben nur bis zur Wurzel ab und schickt dann wieder grüne Sprossen zur Ewigkeit empor.

Walden schmilzt immer mehr. Ein etwa neun Meter breiter Kanal hat sich an seiner Nord- und Westseite gebildet. Ein großes Eisfeld ist von der Hauptmasse abgebröckelt. Im Unterholz am Ufer trillert der Singsperling – olit, olit, olit … chip, chip, chip, chie, tschrr … chie wiss, wiss, wiss … Auch er hilft beim Eissprengen. Wie herrlich sind die großen, mannigfachen Windungen am Eisrand. Fast gleichen sie denen am Ufer, nur sind sie regelmäßiger. Das Eis ist ungewöhnlich hart infolge der letzten, strengen, wenn auch nur kurze Zeit dauernden Kälte und wohl gereinigt und gewellt wie der Fußboden in einem Palast. Vergeblich streicht indessen der Wind über seine durchsichtige Oberfläche, bis er die lebendige Oberfläche darunter erreicht. Dieses in der Sonne funkelnde Wasserband gewährt einen herrlichen Anblick: Es ist das unverhüllte Antlitz des Teichs voll Lust und Jugend, das die Freude der Fische in der Tiefe und des Sands am Ufer auszudrücken wünscht. Silbern glänzt es wie die Schuppen des *leuciscus*, als ob es nur ein munterer Fisch wäre. Das ist der Unterschied zwischen Winter und Frühling. Walden war tot und ist wieder zum Leben erwacht … Allerdings ging das Erwachen in diesem Jahr, wie ich schon erwähnte, langsamer vonstatten.

Der Umschlag von winterlich stürmischem zu mildem, heiterem Wetter, von trüben und trägen zu hellen und tatkräftigen Stunden ist eine denkwürdige Krisis, welche sich in allen Dingen bemerkbar macht. Schließlich ist er wie mit einem Zauberschlag da. Eine Flut von Licht erfüllte plötzlich mein Haus, obwohl Winterwolken darüberstanden, obwohl der Abend nahe war und aus den Dachtraufen Graupelregen herniederrann. Ich blickte zum Fenster hinaus, und – siehe da! Wo gestern noch kaltes, graues Eis sich befand, lag jetzt der durchsichtige See bereits in voller Ruhe und hoffnungsfreudig wie an einem Sommerabend, spiegelte in seinem Schoß einen Sommerabend wider, obwohl er über ihm noch nicht sichtbar war. Es war, als ob er mit einem fernen Horizont im Einvernehmen stände! In der Ferne hörte ich ein Rotkehlchen. Zum ersten Mal, wie mich dünkte, seit Jahrtausenden lauschte ich seinem Lied. Und in vielen Jahrtausenden werde ich dieses Lied nicht vergessen – den alten süßen bezaubernden Sang aus der Ewigkeit … O, Du mein Rotkehlchen, mein Genosse am Sommerabend in Neuengland! Könnte ich doch den Zweig finden, auf dem Du Dich wiegst! Ich meine gerade Dich! Ich meine auch gerade diesen Zweig! Du gehörst sicher nicht zum Stamm *turdus migratorius*! … Die Pechtannen und Zwergeichen bei meinem Haus, die so lange die Köpfe hängen ließen, zeigten plötzlich wieder ihren altgewohnten Charakter, sahen heller, grüner, stolzer, lebensfroher aus, als ob sie durch den Regen wirklich gereinigt und erfrischt wären. Ich wusste, dass es nicht mehr regnen würde. Man braucht nur irgendeinen Zweig im Wald, ja nur den Holzstoß anzusehen, um zu wissen, ob dieser Winter fortzog oder nicht. Als die Dunkelheit herabsank, schreckte mich das »Honk – Honk« der Wildgänse auf, die dicht über den Baumgipfeln dahinflogen wie traurige Wanderer, die spät von südlichen Seen heimkehrten und schmerzvolle Klagen und gegenseitige Tröstungen sich zuriefen. Ich stand vor meiner Tür. Ihr Flügelschlag war deutlich zu hören. Doch als sie sich meinem Haus näherten und plötzlich mein Licht sahen, verstummte ihr Geschrei. Sie schwenkten nach dem Teich hin ab und ließen sich auf ihm nieder. Ich ging ins Haus, machte die Tür zu und verbrachte die erste Frühlingsnacht in den Wäldern …

Am Morgen beobachtete ich die Gänse von meiner Tür aus durch den Nebel. Sie segelten mitten auf dem Teich, etwa dreihundert Meter entfernt, mit so viel Lärm und in solcher Anzahl umher, dass der Walden den Eindruck machte, als sei er künftig für ihr Vergnügen hergerichtet. Sobald ich aber am Ufer erschien, stiegen sie auf ein Zeichen ihres Führers mit lautem Flügelschlag in die Lüfte. Dann stellten sie sich – ich zählte neunundzwanzig – in Reih und Glied, zogen ihre Kreise über meinem Haupt und nahmen schließlich den Kurs direkt auf Kanada zu, während der Kommodore von Zeit zu Zeit regelmäßig sein »Honk« ertönen ließ. Sie hofften ihren Hunger in schlammreicheren Teichen stillen zu können. Ein Schwarm Wildenten stieg zu gleicher Zeit auf und schlug den Weg nach Norden ein, die gleiche Flügelbahn benutzend wie ihre noch mehr lärmenden Verwandten.

Eine Woche lang hörte ich an nebeligen Morgen eine einsame Wildgans, die schreiend im Kreis umhertappte, um ihre Gefährten zu suchen. Sie erfüllte die Wälder mit dem Klang eines reicheren Lebens, als sie zu unterhalten vermochten. Im April ließen sich die Tauben wieder sehen; schnell kamen sie in kleinen Schwärmen herbeigeflogen. Zur richtigen Zeit hörte ich auch die Mauerschwalben, die über meiner Lichtung zwitscherten. Da es nicht den Anschein hatte, als ob das Stadtgebiet an diesen Sängern so reich sei, dass es mir einige abtreten könnte, bildete ich mir ein, dass sie jenem alten Geschlecht angehörten, das in Baumstämmen lebte, bevor die weißen Männer kamen. Fast in jedem Klima gehören die Schildkröte und der Frosch zu den Vorboten und Herolden dieser Jahreszeit. Die Vögel singen und schwirren mit glänzendem Gefieder durch die Luft. Pflanzen sprossen empor und blühen, und die Winde wehen, um diese leichte Schwankung der Pole auszugleichen, um das Gleichgewicht der Natur wiederherzustellen.

Wie jede Jahreszeit, sobald sie einmal da ist, uns als die beste erscheint, so wirkte der Frühlingseinzug wie die Erschaffung des Kosmos aus dem Chaos, wie die Verwirklichung des Goldenen Zeitalters auf uns.

Eurus ad Auroram, Nabathaeaque regna recessit
Persidaque, et radiis juga subdita matutinis.[25]
Eurus entwich zu Aurora,
zur nabathanischen Herrschaft
Und zu dem Persergebiet und den Höhen
am Licht des Morgens.

Und es erhob sich der Mensch:
ob ihn aus göttlichem Samen
Schuf der Vater der Ding' als Quell
der edleren Schöpfung
Oder ob frisch die Erde,
die jüngst vom erhabenen Äther
Los sich wand, noch Samen enthielt
des befreundeten Himmels.[26]

Ein einziger, milder Regen macht das Gras um manche Schattierungen grüner. So hellt sich unsere Zukunftshoffnung durch den Einfluss besserer Gedanken auf. Gesegnet wären wir, wenn wir immer in der Gegenwart lebten, wenn wir jedes Ereignis, das an uns herantritt, vorteilhaft zu benutzen wüssten wie das Gras, das den Einfluss des leichtesten Taus, der es feuchtet, verrät, wenn wir unsere Zeit nicht dazu missbrauchten, früher Versäumtes nachzuholen, was wir dann Pflichterfüllung nennen. Wir kleben noch am Winter, wenn es schon Frühling ist. An einem frischen Frühlingsmorgen sind dem Menschen alle Sünden vergeben. Solch ein Tag bringt Waffenstillstand für das Laster. Solange solch eine Sonne ohne Unterlass uns scheint, kann der größte elendste Sünder umkehren. Durch die Unschuld, die wir selber wiederfanden, sehen wir die Unschuld unserer Nachbarn. Auch wenn Du Deinen Nächsten gestern noch als Dieb, Trunkenbold oder Lüstling gekannt hast, nur Mitleid oder Verachtung für ihn fühltest und an der Welt verzweifelt bist – jetzt an diesem ersten Frühlingsmorgen, wo hell und rein die Sonne hinunterblickt, siehst Du ihn bei friedlich heiterer Arbeit, siehst, wie seine schlaffen, kranken Adern mit stiller Freude sich füllen, den neuen Tag segnen und wie er den Einfluss des Frühlings mit Kinderunschuld in sich saugt, und all seine Sünden sind vergessen. Ihn umschwebt nicht nur eine Atmosphäre guten Willens, nein, auch ein Drang nach Heiligkeit ringt blind und vergeblich vielleicht nach Betätigung wie ein neu erwachter Instinkt, sodass – wenigstens eine Zeit lang – der Hügelabhang keinen gemeinen Witz vernimmt. Du siehst einige unschuldige, schöne Triebe, die gerade aus der knorrigen Rinde hervorbrechen wollen, um ein neues Lebensjahr zu versuchen, so zart und frisch wie der Jüngste Tag. Auch er ging ein zu seines Herrn Freude. Warum lässt der Kerkermeister die Türen nicht weit offen stehen? Warum schickt der Richter den Angeklagten nicht fort? Warum schickt der Priester seine Gemeinde nicht fort? Weil sie alle Gottes Wink nicht folgen, nicht die Vergebung annehmen wollen, die ihnen von Herzen angeboten wird.

»Eine Rückkehr zum Guten, welche jeden Tag in der ruhigen und wohltuenden Atmosphäre des Morgens sich vollzieht, bewirkt, dass wir uns mit unserer Tugendliebe und mit unserem Lasterhass ein wenig der Urnatur des Menschen nähern wie die Sprossen des Waldes, den man niederschlug. Ebenso hindert das Böse, das wir im Verlauf des Tages tun, die kaum erwachten Keime der Tugend an ihrer Entfaltung und zerstört sie.«

»Werden die Keime zur Tugend auf diese Weise mehrfach an ihrer Weiterentwicklung gehindert, dann genügt der wohltuende Hauch des Abends nicht, sie zu erhalten. Sobald aber der Hauch des Abends nicht mehr genügt, sie zu erhalten, dann unterscheidet sich des Menschen Natur nicht mehr von des Tieres Natur. Wenn aber ein Mensch den anderen so tierisch sieht, dann glaubt er, dass dieser nie die angeborene Fähigkeit der Vernunft besessen habe. Sind das die wahren und natürlichen Gefühle des Menschen?«

Es entsprosste das goldene Geschlecht,
das, von keinem gezüchtigt,
Ohne Gesetz freiwillig der Treu
und Gerechtigkeit wahrnahm,
Furcht und Strafe war fern.
Nicht lasen sie drohende Worte
Auf dem gehefteten Herz, nicht bang
vor des Richtenden Antlitz
Stand ein stehender Schwarm;
ungezüchtigt waren sie sicher.
Nie vom eignen Gebirg',
um der Fremdlinge Welt zu besuchen,
Stieg die gehauene Fichte hinab
in die flüchtige Woge:
Außer den Ihrigen
kannten die Sterblichen keine Gestade.

Ewig waltete Lenz und sanft, mit lauem Gesäusel
Fächelten Zephyrus' Hauche die saatlos
keimenden Blumen.[27]

Am 29. April fischte ich vom Flussufer aus nahe bei der Nine-Acre-Corner-Brücke, auf Zittergras und Weidenwurzeln stehend, dort, wo Bisamratten auf der Lauer liegen. Da hörte ich plötzlich einen eigentümlichen klappernden Ton, wie ihn Knaben mit zwischen den Fingern geklemmten Holzstückchen hervorbringen, und als ich in die Höhe sah, erblickte ich einen sehr schlanken anmutigen Falken, der, einem Nachtfalken gleichend, bald in leichten Kurven aufwärtsstieg, bald, sich überstürzend, etwa drei bis sechs Meter niederfiel, wobei die Unterseite seiner Flügel sichtbar wurde, die wie Atlasband oder Perlmutter im Sonnenschein glänzten. Dieser Anblick erinnerte mich an Falkenjagden und all das Erhabene und Poetische, was mit diesem Vergnügen verknüpft war. Merlin sollte er heißen, dachte ich bei mir. Doch der Name ist mir Nebensache. Es war der ätherischste Flug, den ich je gesehen habe. Er flatterte nicht einfach wie ein Schmetterling, oder schwebte wie die größeren Falken, sondern spielte mit stolzer Zuversicht in luftigen Gefilden. Immer wieder stieg er, während sein seltsames Glucksen erklang, hoch empor, und immer aufs Neue wiederholte er seinen schönen Fall, wobei er sich wie ein Papierdrache fortwährend um sich selbst drehte. Dann hemmte er plötzlich seinen Sturz durch die Luft, als ob sein Fuß nie *terra firma* betreten habe. In der großen, weiten Welt schien er keine Kameraden zu besitzen. Die waren für ihn nicht notwendig. Er erfreute sich an seinem einsamen Spiel mit dem Morgen und dem Äther. Er war nicht einsam, doch er machte die ganze Erde unter sich einsam. Wo waren die Eltern, die ihn ausbrüteten, wo seine Verwandten, wo sein Vater im Himmel? Dieser Bewohner der Lüfte schien mit der Erde nur durch das Ei verwandt, das vor kurz oder lang in einem Felsenspalt ausgebrütet wurde. Oder lag das Nest seiner Geburt in einem Wolkenwinkel, aus Regenbogenfasern und Sonnenuntergangshimmel geflochten und mit weichem Hochsommernebel ausgepolstert, der der Erde entquoll? Horstete er jetzt an Wolkenklippen? …

Außerdem fing ich mir ein erlesenes Gericht goldener, silberner und hellkupferner Fische, die wie eine Edelsteinkette aussahen. Ach, zu diesen Wiesen habe ich mir an manchem ersten Frühlingsmorgen den Weg gebahnt, von einer Bodenerhebung zur anderen, von Weidenwurzel zu Weidenwurzel springend. Das brausende Flusstal und die Wälder waren in einem so reinen, hellen Licht gebadet, dass es die Toten hätte aufwecken müssen, wenn sie – wie manche glauben – in ihren Gräbern geschlummert hätten. Es bedarf keines stärkeren Beweises für die Unsterblichkeit. In solchem Licht muss alles leben! Tod, wo ist Dein Stachel? Hölle, wo ist Dein Sieg? …[28]

Das Leben in unseren Dörfern würde bald ins Stocken geraten, gäbe es nicht die unerforschten Wälder und Wiesen ringsherum. Wir brauchen die Wildnis als Stärkungsmittel. Wir müssen bisweilen durch Sümpfe waten, wo die Rohrdommel und das Wasserhuhn sich verstecken. Wir müssen bisweilen den Schrei der Schnepfe hören, flüsterndes Röhricht riechen, in dem nur einsamere, wildere Vögel ihre Nester bauen und wo die Sumpfotter mit dem Bauch dicht am Boden kriecht. Mit demselben Ernst aber, mit dem wir alles zu erforschen und zu lernen wünschen, verlangen wir gleichzeitig, dass alles geheimnisvoll und unerforschbar bleibe, dass Land und Meer uns unerforschte und unergründete Rätsel bleiben, weil sie unerforschlich sind. Wir können nie genug Natur bekommen. Wir müssen uns an dem Anblick unerschöpflicher Kraft erquicken, an großen titanischen Formen, am Meeresstrand mit seinen Schiffstrümmern, an der Wildnis mit ihren lebendigen und modernden Bäumen, am Gewitterhimmel und am Regen, der drei Wochen herniederfällt und das Land überschwemmt. Wir müssen sehen, wie unsere eigenen Grenzen überschritten werden, wie dort frei ein Leben weidet, wo wir nie wandern. Mit Freude sehen wir, wie der Geier sich vom Aas nährt. Was uns Ekel und Abscheu einflößt, wird ihm eine Quelle der Gesundheit und der Kraft. Ein totes Pferd lag in einer Grube neben dem Weg, der zu meinem Haus führte. Manchmal wurde ich – hauptsächlich nachts, wenn die Luft dick war – dadurch gezwungen, einen Umweg zu machen. Doch der Beweis, den die Natur mir für ihren kräftigen Appetit und ihre unzerstörbare Gesundheit gab, entschädigte mich dafür. Mit Freude sehe ich, dass die Natur Leben in solcher Fülle birgt, dass Myriaden geopfert, einander zur Beute überlassen werden können, dass zarte Geschöpfe so gelassen wie Brei aus ihrem Dasein herausgequetscht, Kaulquappen von Reihern verschlungen, Schildkröten und Kröten auf der Landstraße überfahren werden, dass bisweilen Leben aus den Wolken herniederregnet. Da jeder unglücklichen Zufällen ausgesetzt ist, können wir uns denken, wie gering das Leben veranschlagt ist. In all diesen Dingen sieht der Weise nur die universelle Unschuld. Gift ist durchaus nicht giftig, und Wunden, die töten, gibt es nicht. Mitleid ist durchaus nicht beständig. Drum betätige man es schnell. Seine Argumente lassen sich nicht stereotypieren.

Am Anfang des Mai breiteten die Eichen-, Nuss-, die Ahorn- und manche andere Bäume, die im Tannenwald rund um den Teich herum jetzt gerade ausschlugen, an nebeligen Tagen einen Glanz wie Sonnenschein über die Landschaft, als ob die Sonne den Nebel durchbräche und lieblich die Hügelhänge hier und dort beleuchte. Am dritten oder vierten Mai sah ich einen Taucher auf dem Teich, und am Ende der ersten Maiwoche hörte ich noch den Tagschläfer, die Braundrossel, den Waldspötter, den Piewieh, das Rotkehlchen und andere Vögel. Die Walddrossel hatte ich schon viel früher vernommen. Auch die Phöbe kam wieder herbei, schaute zur Tür und zum Fenster hinein, um zu sehen, ob das Haus geräumig genug für sie sei. Während sie Haus und Hof betrachtete, schwebte sie mit summendem Flügelschlag umher und schlug die Krallen ein, als ob sie sich an der Luft festklammere. Bald bedeckten die schwefelgelben Pollen der Pechtannen den Teich, die Steine und die modernden Stämme am Ufer. Man hätte sie fassweise sammeln können. Das sind die »Schwefelregen«, von denen man berichtet. Selbst in Kalidasas Drama *Sakuntala* lesen wir, dass »die Bäche gelb sich färbten vom goldenen Staub der Lotusbäume« … So eilte die Zeit dem Sommer zu wie einer, der wandert durch höheres und immer höheres Gras.

Mein erstes Jahr in den Wäldern war verstrichen. Ihm ähnelte das zweite. Ich verließ Walden schließlich am 6. September 1847.

SCHLUSS

Der verständige Arzt verordnete dem Kranken Veränderung der Luft und der Umgebung. Hier ist – dem Himmel sei Dank! – nicht die ganze Welt. Der Bocksaugenbaum[29] wächst nicht in Neuengland, und die Spottdrossel hört man hier selten. In der Wildgans steckt mehr vom Kosmopoliten als in uns. Sie frühstückt in Kanada, nimmt ihr Mittagsmahl in Ohio ein und glättet auf irgendeinem Kanal im Süden ihr Gefieder für die Nacht. Auch der Büffel hält in gewissem mit der Jahreszeit Schritt und grast auf Colorados Weiden nur so lange, bis besseres, wohlschmeckenderes Gras ihn am Yellowstone erwartet. Wir glauben dagegen, dass, sobald die Zäune und Geländer niedergerissen und Steinmauern um unsere Farmen errichtet sind, auch unserem Leben Grenzen gezogen seien, unser Schicksal sich entschieden habe. Man hat Dich zum Stadtschreiber gemacht … Da kannst Du natürlich in diesem Sommer nicht nach Tierra del Fuego reisen, vielleicht aber doch nach dem Land des höllischen Feuers. Das Weltall ist weiter als die Ansichten, die wir darüber haben.

Und doch, wir sollten häufiger über den Hackbord[30] unseres Schiffleins hinausblicken und nicht wie blöde Seeleute während der Reise Werg zupfen. Die andere Seite des Erdballs ist nur die Heimat unseres Korrespondenten. Unser Reisen ist nur ein großes »Im-Kreis-Herumsegeln«, und die Doktoren verschreiben nur gegen Hautkrankheiten. Da will der eine nach Südafrika, um Giraffen zu jagen, und doch ist das sicher nicht das Wild, was er jagen müsste. Du liebe Zeit! Wie lange würde wohl ein Mensch Giraffen jagen, wenn er könnte? Die Schnepfenjagd ist auch ein prächtiges Vergnügen. Doch ein edleres Spiel wäre die Jagd auf Dich selbst.

Kehre Dein Auge nach innen!
Dann wirst Du finden,
Dass viel' Tausend Gebiete
des Herzens immer noch
Unerforscht ruhn. Dort sollst Du reisen
und Dich belehren
Über die Welt, die in der Seele Dir lebt.

Was gilt mir Afrika – was der Westen? Ist nicht auf der Karte unser Inneres weiß, wenn es auch zur Zeit der Entdeckung so schwarz wie die Küste erschien? Wollen wir die Quellen des Nil, des Niger und des Mississippi oder die nordwestliche Durchfahrt um unseren Kontinent finden? Sind das die wichtigsten Probleme für das Menschengeschlecht? War Franklin[31] der einzige Mensch, dessen Spur man verlor, dass seine Frau so eifrig sich bemühte, sie zu finden? Weiß Herr Grinnel[32] wo er selbst ist? Sei lieber der Mungo Park, der Lewis, Clark und Frobisher[33] Deiner eigenen Ströme und Ozeane. Erforsche Deine eigenen höheren Breitengrade, nötigenfalls mit Schiffsladungen voll konservierten Fleischs, um Dich zu erhalten, und türme die leeren Büchsen himmelhoch als Denkmal. Wurde konserviertes Fleisch nur deshalb erfunden, um Fleisch zu konservieren? Nein, sei ein Kolumbus für völlig neue Kontinente und Welten in Deinem Innern, eröffne neue Bahnen nicht für den Handel, sondern für den Gedanken. Jeder Mensch ist der Herrscher eines Reichs, neben welchem das Reich des Zaren nur ein kleines Ländchen, ein Erdhügel ist, den das Eis zurückließ. Und doch gibt es Patrioten, die keinen Selbstrespekt haben und das Größere dem Kleineren opfern. Sie lieben die Erde, in die ihr Grab gegraben wird, und haben keine Sympathien für den Geist, der vielleicht ihren Ton noch zu beleben vermag. Patriotismus ist eine Grille in ihrem Hirn. Was bedeutet die Südsee-Erforschungsexpedition mit all ihrem Brimborium und all ihren Kosten anderes als die indirekte Anerkennung der Tatsache, dass es in der Welt der Moral Kontinente und Meere gibt, zu welchen ein jeder Mensch einen schmalen Zugang besitzt, Kontinente, an welchen er landen kann, trotzdem sie von ihm noch unerforscht sind, dass es leichter ist, viele Tausend Meilen weit durch Schnee und Eis, durch Sturm und Kannibalen auf einem Regierungsschiff, von fünfhundert hilfsbereiten Männern und Jünglingen begleitet, zu segeln, als das eigene Meer zu erforschen – den Atlantischen oder Stillen Ozean der eigenen Einsamkeit …

Erret et extremos alter scrutetur Iberos
Plus habet hic vitae, plus habet ille viae.

Lass sie nur wandern, lass sie
die fernen Australer erforschen,
Gott ist mir mehr vertraut –
ihnen wohl mehr der Weg.

Es lohnt sich nicht, die Welt zu umwandern, um die Katzen in Sansibar zu zählen. Und dennoch: Zähle die Katzen, bis Du etwas Besseres tun kannst. Vielleicht findest Du ein Symmesloch[34], durch welches Du in Dein Inneres schlüpfen kannst. England und Frankreich, Spanien und Portugal, die Goldküste und auch die Sklavenküste – alle grenzen an dieses Innenmeer. Doch noch hat sich von ihren Küsten kein Schiff aufs hohe Meer hinausgewagt, obwohl dieser Weg ohne Zweifel direkt nach Indien führt. Willst Du in allen Zungen reden oder aller Völker Sitten kennenlernen, willst Du weiter reisen als alle Forscher und in allen Ionen Dich heimisch fühlen, willst Du die Sphinx dazu bringen, dass sie ihr Haupt an einem Stein zerschmettert, gehorche der Lehre der alten Philosophen und – »Erkenne Dich selbst«. Dazu musst Du Augen und Nerven besitzen. Nur die Besiegten und Fahnenflüchtigen ziehen in den Krieg, Feiglinge, die fortlaufen und in den Dienst treten. Brich auf, sofort, auf jener längsten Straße gen Westen, die nicht am Mississippi oder am Stillen Ozean ihr Ende erreicht, die nicht nach dem fadenscheinigen China oder nach Japan führt, sondern die auf der direkten Tangente dieser Erdkugel verläuft. Dort ziehe Deines Wegs Sommer und Winter, Tag und Nacht, beim Untergang der Sonne und des Mondes – ja selbst beim Untergang der Erde!

Es wird berichtet, dass Mirabeau Straßenräuberei trieb, »um genau zu erfahren, welches Quantum Entschlossenheit notwendig sei, um gegen eines der heiligsten Gesetze der menschlichen Gesellschaft nachdrücklich Opposition zu machen«. Er erklärte dann, dass »ein Soldat, der in Reih und Glied kämpft, nicht halb so viel Mut nötig habe wie ein Straßenräuber« – »dass Ehre und Religion einen wohlüberlegten und festen Entschluss nicht ins Wanken zu bringen vermöchten«. Das war männlich nach landläufigen Anschauungen, und doch war es töricht, ja geradezu toll. Ein gesunder Mann wird sich oft »nachdrücklich in Opposition« zu dem befunden haben, was »als die heiligsten Gesetze der menschlichen Gesellschaft« geschätzt wird, weil er noch heiligeren Gesetzen gehorchen wollte. So kann er, ohne von seinem geraden Weg abzuweichen, seine Entschlossenheit erproben. Es geziemt sich nicht für einen Mann, sich in ein solches Verhältnis zur menschlichen Gesellschaft hineinzuzwingen, sondern in jenen Verhältnissen mutig sich zu behaupten, welche er sich selbst, gehorsam den Gesetzen seines Lebens, schuf. Und diese Gesetze werden mit einer gerechten Regierung nie in Konflikt geraten, wenn er zufällig unter einer solchen leben sollte.

Der Anlass, der mich in die Wälder führte, war ebenso triftig wie der, welcher mich zum Fortgehen bewog. Vielleicht glaubte ich, dass ich noch verschiedene Leben zu leben habe und auf dieses keine Zeit mehr verwenden dürfe. Es ist merkwürdig, wie leicht und unmerklich wir einen bestimmten Weg einschlagen und einen ausgetretenen Pfad für uns selbst daraus machen. Ich wohnte noch nicht eine Woche lang am Walden, da hatten meine Füße schon einen Weg von meiner Tür zum Teichufer ausgetreten. Und jetzt, wo schon fünf oder sechs Jahre über meine Fußstapfen dahingezogen sind, ist er noch ganz deutlich sichtbar. Ich fürchte indessen, andere haben ihn nach mir benutzt und dadurch zu seiner Erhaltung beigetragen. Die Oberfläche der Erde ist weich und nimmt leicht den Eindruck der Menschenfüße an. Das gilt auch von den Pfaden, auf denen der Geist dahinwandert. Wie abgenutzt und verstaubt müssen mithin die Landstraßen der Welt sein, wie tief die Geleise der Überlieferung und Einförmigkeit! Ich wollte nicht als Kajütenpassagier reisen. Lieber war es mir, vor dem Mast und auf dem Deck der Welt zu stehen. Ich will auch jetzt nicht unter Deck gehen.

Das eine wenigstens lernte ich durch mein Experiment, dass, wenn der Mensch vertrauensvoll in der Richtung seiner Träume fortschreitet, wenn er sich bemüht, das Leben zu leben, welches die Phantasie ihm ausmalt, Erfolge von ihm erzielt werden können, von denen er sich in Alltagsstunden nichts träumen ließ. Manche Dinge wird er aufgeben, eine unsichtbare Grenze wird er überschreiten. Neue, universelle und freiere Gesetze werden in ihm und um ihn herum Wurzel fassen. Oder die alten Gesetze werden umfassender, zu seinen Gunsten im freieren Sinne gedeutet werden, und es wird ihm vergönnt sein, unter Geschöpfen höherer Ordnung zu leben. Je mehr er sein Leben vereinfacht, desto weniger schwierig werden die Gesetze des Kosmos ihm erscheinen. Einsamkeit wird nicht Einsamkeit, Armut nicht Armut und Schwäche nicht Schwäche sein. Hast Du Schlösser in die Luft gebaut, dann war diese Arbeit nicht notwendigerweise vergeblich. Gerade dort sollen sie sich befinden! Jetzt gib ihnen ein Fundament.

Es ist lächerlich, wenn Engländer und Amerikaner verlangen, man solle so reden, dass man von ihnen verstanden wird. So sind weder Menschen noch Pilze gewachsen. Als ob das überhaupt von Wichtigkeit wäre, und als ob es nicht außer ihnen genug Menschen gäbe, die uns verstehen. Als ob die Natur nur ein einziges Verständigungsmittel besäße, als ob sie nicht Vögel geradeso gut wie Vierfüßler, fliegende wie kriechende Geschöpfe ernähren könnte und als ob »Hott« und »Hü«, was jeder Ochse verstehen kann, das beste Englisch wäre. Als ob die Dummheit allein Gewähr für Sicherheit leisten könne! Ich befürchte hauptsächlich, dass meine Ausdrücke nicht ausschweifend genug sind, nicht weit genug über die engen Grenzen meiner täglichen Erfahrung hinausreichen, um der Wahrheit zu entsprechen, von der ich überzeugt bin. Hinausschweifen – ja, das hängt davon ab, in was für einen Viehhof man eingesperrt ist. Der wandernde Büffel, der in anderen Breiten neue Weiden sucht, ist nicht so ausschweifend wie die Kuh, die den Eimer umwirft, durch den Zaun bricht und zur Melkzeit hinter ihrem Kalb herläuft. Ich möchte so gut wie möglich ohne Umschweife reden, wie der Mensch in einem wachen Augenblick zu seinen Mitmenschen in ihren wachen Augenblicken. Denn ich fühle, dass ich gar nicht genug übertreiben kann, um nur das Fundament eines wahren Ausdrucks zu legen. Hat je ein Mensch, der harmonische Klänge vernahm, gefürchtet, dass er hinfort ausschweifend reden könne? In Bezug auf die Zukunft und das Mögliche sollen wir sorglos und harmlos unser Dasein weiterleben. Nach dieser Seite hin sind unsere Umrisse verschwommen und nebelig. Unser Schatten soll ja nach der Sonne hin eine unmerkliche Perspiration aufweisen. Die flüchtige Wahrheit unserer Worte sollte immer das Missverhältnis zu dem zurückgebliebenen Tatbestand bezeugen. Seine Wahrheit wird sofort übertragen. Das Wortdenkmal bleibt allein bestehen. Die Worte, die unseren Glauben und unsere Frömmigkeit ausdrücken, sind unbegrenzt. Doch sie sind inhaltsschwer und duften für feinere Geister nach Weihrauch.

Warum werten wir nach unten, nach unserer dumpfesten Empfindung, und verherrlichen sie als gesunden Menschenverstand? Der schlafende Mensch hat nur rudimentären Verstand – der verrät sich durch Schnarchen.

Manchmal lassen wir uns verleiten, die mit anderthalb Portionen Verstand Begabten mit den Halbverständigen zusammenzuwerfen, weil wir nur den dritten Teil ihres Verstands zu würdigen wissen. Es gibt Leute, die am Morgenrot herumnörgeln würden, wenn sie einmal in ihrem Leben so früh aufgestanden wären. Wie ich höre, »sollen die Verse des Kabir einen vierfach verschiedenen Gehalt besitzen: Phantasie, Geist, Intellekt und die exoterischen Lehren der Veden«. Will nicht jemand, während England sich bemüht, die Kartoffelfäule auszurotten, die Hirnfäule auszurotten versuchen, die so viel weiter verbreitet und so viel gefährlicher ist?

Ich glaube kaum, dass ich mich unklar auszudrücken pflege. Es würde mich aber mit Stolz erfüllen, wenn diese Blätter nicht stärker getadelt würden wie das Walden-Eis. Käufer aus dem Süden machten ihm aus seiner blauen Farbe – die einzig auf seiner Reinheit beruht – einen Vorwurf, als ob es schmutzig wäre, und zogen das Cambridge-Eis vor, das weiß aussieht, aber nach Wasserpflanzen schmeckt. Die Reinheit, welche die Menschen lieben, gleicht dem Nebel, der die Erde einhüllt, und nicht dem blauen Äther darüber.

Es gibt einige Menschen, die uns in die Ohren schreien, wir Amerikaner und die modernen Menschen im Allgemeinen seien geistige Zwerge im Vergleich zum antiken und selbst zum Menschen der Zeit Elisabeths. Was heißt das? Ein lebendiger Hund ist besser als ein toter Löwe. Soll ein Mensch sich schämen, weil er zu einem Zwergengeschlecht gehört, anstatt der große Zwerg zu sein, der er sein kann? Jeder soll vor seiner Tür kehren und versuchen, der zu sein, der er seiner Natur nach ist. Warum jagen wir so fürchterlich nach Erfolg, warum sind wir in solch waghalsige Unternehmungen verwickelt? Wenn ein Mensch nicht Schritt mit seinen Mitmenschen hält, kommt das vielleicht daher, weil er eine andere Trommel hört. Er soll nach dem Takt der Musik marschieren, die ihm ertönt, einerlei aus welcher Ferne. Es ist durchaus nicht wichtig, dass der Mensch so schnell reif wird wie ein Apfelbaum oder eine Eiche. Soll er seinen Frühling in Sommer wandeln? Wenn jener Zustand, für den wir geschaffen wurden, noch nicht erreicht ist, wie könnte uns da irgendeine Wirklichkeit Ersatz bieten! Wir wollen nicht an irgendeiner falschen Wirklichkeit Schiffbruch leiden. Sollen wir mühsam über uns einen Himmel aus blauem Glas errichten, wenn wir hernach trotzdem zu jenem wahren Ätherhimmel hoch dort oben immer noch emporblicken, als ob der andere nicht vorhanden wäre?

In der Stadt Kouroo lebte vor Zeiten ein Künstler, der den Drang nach Vollendung in sich fühlte. Eines Tages dachte er bei sich: Ich will einen Stab machen. Da er bereits darüber im Klaren war, dass bei einem unvollkommenen Werk die Zeit einen Bestandteil bildet, dass aber in ein vollkommenes Werk die Zeit nicht eindringt, sprach er also zu sich selbst: Der Stab soll in jeder Hinsicht vollendet werden, und wenn ich mein ganzes Leben dazu verwenden sollte. Er ging sogleich in den Wald, da er fest entschlossen war, den Stab nicht aus ungeeignetem Material herzustellen. Und während er suchte, einen Stock nach dem anderen als untauglich verwarf, verließen ihn allmählich seine alten Freunde, denn älter wurden sie bei ihrer Arbeit und starben. Er aber alterte nicht um einen Augenblick. Die Einfalt seines Vorhabens und seines Entschlusses und seine erhabene Frömmigkeit verliehen ihm gegen sein Wissen ewige Jugend. Da er mit der Zeit kein Abkommen getroffen hatte, ging die Zeit ihm aus dem Weg und seufzte von fern, weil sie ihn nicht besiegen konnte. Ehe er einen Stab gefunden hatte, der ihm in jeder Weise zusagte, war die Stadt Kouroo bereits zur moosbewachsenen Ruine geworden. Auf einen ihrer Trümmerhaufen setzte er sich nieder, um den Stab abzuschälen. Noch bevor er ihm die gewünschte Form gegeben hatte, war das Herrscherhaus der Kandahare ausgestorben. Er aber schrieb mit des Stabes Spitze den Namen des letzten Königs aus diesem Geschlecht in den Sand. Dann setzte er seine Arbeit fort. Als er den Stab gesäubert und geglättet hatte, war Kalpa nicht mehr der Polarstern. Und ehe er den Stab beschlagen und seinen Griff mit kostbaren Steinen verziert hatte, war Brahma viele Male entschlummert und wiedererwacht. Doch wozu soll ich bei diesen Dingen verweilen? Als er die letzte Hand an sein Werk gelegt hatte, dehnte es sich plötzlich vor den Augen des erstaunten Künstlers aus und wurde zu Brahmas herrlichster Schöpfung. Eine neue Weltordnung hatte er geschaffen, indem er den Stab bearbeitete, eine Welt des schönsten Ebenmaßes, in welcher schönere und glorreichere Städte und Herrscherhäuser die alten entschwundenen ersetzten. Und jetzt sah er an dem Haufen der Späne, die zu seinen Füßen lagen, dass bislang das Verrinnen der Zeit eine Täuschung gewesen sei, dass nicht mehr Zeit vergangen war, als ein Funke gebraucht, um von Brahmas Gehirn herabzufallen und den Zunder des Menschengehirns in Brand zu setzen ... Das Material war rein, und seine Kunst war rein. Wie konnte das Resultat anders sein als wundervoll?

Kein Aussehen, das wir einer Sache geben können, wird uns schließlich so viel nützen als die Wahrheit. Sie allein trägt sich gut. Meistens sind wir nicht dort, wo wir sind, sondern in falscher Lage. Einer Schwäche unserer Natur folgend, nehmen wir einen Fall an und versetzen uns in ihn hinein. Darum befinden wir uns in zwei Fällen zugleich, und doppelt schwer ist's, aus ihnen herauszukommen. Bei gesundem Verstand betrachten wir nur die Tatsache, den gegebenen Fall. Rede, was Du reden musst, nicht, was Du reden sollst. Jede Wahrheit ist besser als Ausflüchte. Tom Hyde, der Kesselflicker, stand unter dem Galgen und wurde gefragt, ob er noch etwas zu sagen habe. Da antwortete er: »Sagt den Schneidern, dass sie einen Knoten in den Zwirn machen, bevor sie den ersten Stich tun.« Die Bitte seines Gefährten ist nicht überliefert.

Wie niedrig auch Dein Leben sein mag: Heiße es willkommen und lebe es. Meide es nicht und schimpfe nicht darauf. Es ist nicht so schlecht wie Du. Es sieht am ärmsten aus, wenn Du am reichsten bist. Wer immer tadelt, wird auch am Paradies etwas auszusetzen haben. Liebe Dein Leben, so arm es auch ist. Du kannst vielleicht erfreuliche herrliche, ja feierliche Stunden erleben, selbst in einem Armenhaus. Die Fenster des Armenhauses und die in des Reichen Palast strahlen gleich hell die sinkende Sonne zurück. Vor des reichen Mannes Tür schmilzt der Schnee im Frühling zur selben Zeit. Ich verstehe nicht, warum ein zufriedenes Gemüt hier nicht geradeso zufrieden leben, geradeso fröhliche Gedanken haben kann wie in einem Palast. Die Stadtarmen scheinen oft das unabhängigste Leben von allen zu führen. Vielleicht sind sie gerade stolz genug, um ohne Bedenken annehmen zu können. Die meisten sind der Ansicht, es sei unter ihrer Würde, von der Stadt unterstützt zu werden. Häufiger aber halten sie es nicht für unwürdig, sich selbst durch unehrliche Mittel zu unterhalten – und das sollte man denn doch als das Gemeinere ansehen. Pflege die Armut wie eine Gartenpflanze, wie Salbei. Sei nicht so sehr darauf bedacht, Dir neue Sachen anzuschaffen, weder Kleider noch Freunde. Wende die alten! Kehre zu ihnen zurück! Die Dinge ändern sich nicht – wir ändern uns. Verkaufe Deine Kleider und behalte Deine Gedanken. Gott wird schon dafür sorgen, dass es Dir an Gesellschaft nicht mangelt. Wenn ich wie eine Spinne mein ganzes Leben lang auf einen Winkel der Bodenkammer angewiesen wäre, dann würde die Welt für mich geradeso groß sein, solange ich meine Gedanken beisammenhielte. Der Philosoph sagt: »Einer drei Divisionen starken Armee kann man den General nehmen und sie dadurch in Verwirrung bringen. Dem verworfensten, gewöhnlichsten Menschen kann man seine Gedanken nicht nehmen.« Strebe nicht so ängstlich danach, Dich zu entwickeln und vielen Einflüssen zu unterwerfen, die doch nur ihr Spiel mit Dir treiben – das ist alles Verschwendung. Demut enthüllt wie Dunkelheit himmlisches Licht. Die Schatten der Armut und der Niedrigkeit ziehen sich um uns zusammen, und siehe da! – die Schöpfung dehnt sich vor unseren Blicken aus. Wir werden oft daran erinnert, dass, wenn wir selbst so reich wie Krösus wären, unsere Ziele sich nicht verändern, unsere Mittel im Wesentlichen die gleichen bleiben müssten. Und wenn obendrein Dein Lebenslauf durch Armut eingeengt ist, wenn Du Dir z. B. weder Bücher noch Zeitungen kaufen kannst, bist Du auf die wichtigsten Lebenserfahrungen beschränkt. Du bist notgedrungen auf die Dinge angewiesen, die den meisten Zucker und das meiste Stärkemehl liefern. Das Leben nahe am Knochen ist am wohlschmeckendsten. Du wirst davor bewahrt, in Tändeleien Dich zu vergeuden. Kein Mensch verliert je auf einer niedrigeren Stufe durch Großmut auf einer höheren. Mit überflüssigem

Reichtum kann man nur Überflüssiges kaufen. Es bedarf nicht des Geldes, wenn man sich Nahrung für die Seele kaufen will.

Ich lebe in dem Winkel einer bleiernen Mauer, bei deren Guss ein wenig Glockenmetall zugesetzt wurde. Oft dringt um die stille Mittagsstunde von der Außenwelt ein verworrenes Tintinnabulum an mein Ohr. Das ist der Lärm meiner Zeitgenossen. Meine Nachbarn erzählen mir von ihrem Zusammensein mit berühmten Herren und Damen und mit welch hochstehenden Persönlichkeiten sie zu Tisch saßen. Mich interessieren diese Dinge jedoch genauso wenig wie der Inhalt der Tageszeitungen. Das Interesse und die Unterhaltung drehen sich hauptsächlich um Kleidung und Sitten. Doch eine Gans bleibt eine Gans – man mag sie anziehen, wie man will ... Sie erzählen mir von Kalifornien und Texas, von England und Indien, vom ehrenwerten Herrn X. aus Georgia oder aus Massachusetts, von allen möglichen transitorischen und vergänglichen Erscheinungen, bis ich am liebsten ihrem Hof eilig den Rücken kehrte wie der Mamelucken-Bei. Ich liebe mein heimisches Quartier von Herzen. Ich mag nicht in Reih und Glied an der Spitze marschieren, angetan mit Prunk und Flitter. Lieber wandele ich Hand in Hand mit dem Baumeister der Welt umher, wenn mir das gestattet ist. Ich will nicht mitten in diesem ruhelosen, nervösen, hetzenden, platten neunzehnten Jahrhundert leben, sondern, während es vorbeibraust, mit meinen Gedanken abseitsstehen oder -sitzen. Was feiern denn die Menschen? Allesamt gehören sie zum Veranstaltungsausschuss, und jeder erwartet stündlich von irgendjemandem eine Rede. Gott ist nur der Präsident des Tages und Webster[35] sein Wortführer. Ich liebe es, abzuwägen, zu Entschlüssen zu kommen und das Schwergewicht nach der Seite hin zu verlegen, die mich am meisten anzieht und dazu die größte Berechtigung hat. Ich will nicht am Waagebalken hängen und versuchen, weniger zu wiegen. Auch will ich nicht einen Fall annehmen, sondern den Fall nehmen, wie er ist. Ich will den einzigen Pfad entlangwandeln, den ich wandern kann, den Pfad, auf dem keine Macht mir Einhalt gebieten kann. Ich fühle mich nicht befriedigt, wenn ich einen Bogen wölbe, ehe ich ein festes Fundament geschaffen habe. Wir wollen uns nicht auf fingerdickes Eis wagen.[36] Es gibt überall festen Grund. Wir lesen die Geschichte von dem Reisenden, der fragte, ob das Moor, das vor ihnen läge, einen festen Boden habe. Der Knabe antwortete: »Ja.« Doch sofort sank das Pferd des Reisenden bis zum Sattelgurt ein. Er rief darum dem Knaben zu: »Ich glaube, Du hättest gesagt, das Moor habe einen festen Boden?« – »Hat es auch«, erwiderte der Knabe, »Ihr seid aber noch längst nicht tief genug eingesunken.« Dasselbe gilt von den Sümpfen und dem Dünensand der Gesellschaft. Nur ist der, der dies weiß, bereits ein alter Knabe. Nur das ist gut, was bei einer bestimmten, seltenen Konstellation der Dinge gesagt, gedacht oder getan wird. Ich möchte nicht zu denen gehören, die einen Nagel in dünne Latten und in Bewurf hineintreiben. Solches Tun würde mir nachts die Ruhe rauben. Gib mir einen Hammer und lass mich nach den Furchen fühlen. Verlass Dich nicht auf Kitt. Treib den Nagel bis zum Kopf ein, und verankere ihn so gewissenhaft, dass Du selbst dann mit Befriedigung an ihn denken kannst, wenn Du mitten in der Nacht aufwachst. Jeder Nagel, den man einschlägt, sollte eine neue Niete in der Maschine des Weltalls sein. Du förderst auf diese Weise ihr Werk.

Wahrheit gib mir, nicht Liebe, Geld und Ruhm. Ich saß dort zu Tisch, wo erlesene Speisen und Weine im Überfluss vorhanden waren, wo man aufmerksam bedient wurde, wo es aber Aufrichtigkeit und Wahrheit nicht gab. Hungrig verließ ich den ungastlichen Tisch. Die Gastfreundschaft war so eisig wie das Fruchteis. Meiner Ansicht nach war Eis nicht einmal nötig, das Fruchteis gefroren zu erhalten. Man sprach zu mir über das Alter des Weins und die Berühmtheit des Weinbergs. Ich aber dachte an einen neueren, reineren Wein, an einen herrlicheren Weinberg, den sie weder besaßen noch je erwerben konnten. Der Stil, das Haus, der Garten, die Bewirtung und Unterhaltung sind mir vollkommen einerlei. Ich machte beim König Besuch. Doch der ließ mich in der Vorhalle warten und benahm sich wie ein Mensch, der zur Gastfreundschaft keine Befähigung besitzt. Es war aber einmal ein Mann in meiner Nachbarschaft, der in einem hohlen Baum wohnte. Dessen Benehmen war wahrhaft königlich! Besser wäre es gewesen, ich hätte *ihn* besucht …

Wie lange werden wir noch in unseren Säulenhallen sitzen und unnütze, schäbige Tugenden züchten, die durch jede Arbeit beschämt werden? Als ob einer den Tag mit Langmut beginnen wollte und sich einen Mann dingen würde, um seine Kartoffeln zu hacken, und dann am Nachmittag ausginge, um in vorbedachter Güte christliche Milde und Sanftmut zu betätigen! Denke an den chinesischen Hochmut und die flache Selbstzufriedenheit der Menschen. Diese Generation bildet sich etwas darauf ein, die letzte eines berühmten Geschlechts zu sein. In Boston und London, in Paris und Rom spricht man, in Erinnerung an diesen alten Stammbaum, von den Fortschritten in Kunst, Wissenschaft und Literatur mit hoher

Genugtuung. Da gibt es Berichte philosophischer Gesellschaften und öffentliche Lobeshymnen auf große Männer! Der gute Adam bewundert seine eigene Tugend! »Ja, wir haben große Dinge getan, wir haben göttliche Sänge gesungen, die niemals sterben werden«, d. h., solange wir sie nicht vergessen. Die gelehrten Gesellschaften und die großen Männer Assyriens – wo sind sie jetzt? Was für junge Philosophen und Forscher wir doch sind! Unter meinen Lehrern ist nicht ein einziger, der schon ein ganzes Menschenleben gelebt hat. Dies sind vielleicht erst die Frühlingsmonate des Menschengeschlechts. Selbst wenn wir wirklich die »sieben Jahre währende Juckkrankheit« gehabt haben – die »alle siebzehn Jahre kommende Heuschreckenplage«[37] haben wir noch nicht erlebt. Wir kennen nur das feinste Häutchen des Balls, auf dem wir leben. Die meisten Menschen haben weder sechs Fuß tief in die Erde gegraben, noch sind sie sechs Fuß hoch über sie emporgesprungen. Wir wissen nicht, wo wir sind. Außerdem liegen wir fast die halbe Zeit in festem Schlaf. Und doch halten wir uns für klug und haben auf der Oberfläche Vorschriften und Sitten. O gewiss, wir sind tiefe Denker, wir sind hochstrebende Geschöpfe! Da sehe ich ein Insekt durch die Tannennadeln am Waldesboden dahinkrabbeln. Es versucht, sich vor mir zu verbergen. Ich aber frage mich, warum es solch bescheidene Gedanken hegt und sein Köpfchen vor mir verbirgt, der ich doch vielleicht sein Wohltäter sein und seinem Geschlecht erfreuliche Mitteilungen machen könnte. Da werde ich an den größeren Wohltäter, an den größeren Geist erinnert, der auf mich herabblickt, auf mich – das menschliche Insekt …

Ein unendlicher Strom des Neuen ergießt sich in diese Welt, und doch dulden wir unglaubliche Stumpfheit.

Ich brauche nur daran zu erinnern, was für Predigten man noch in den aufgeklärtesten Ländern zu hören bekommt. Worte wie »Freude« und »Leid« haben wir zwar, doch sind sie nur »Kirchengesangsballast«. Man singt sie durch die Nase, während man an das Gemeine und Gewöhnliche glaubt. Wir sind der Ansicht, dass wir nur unsere Kleider wechseln können. Man sagt, das britische Reich sei sehr groß und angesehen und die Vereinigten Staaten seien eine Weltmacht. Wir glauben nicht, dass hinter jedem Menschen eine Flut steigt und sinkt, die das britische Reich wie einen Holzspan hinwegschwemmen könnte, wenn je einem Menschen der Gedanke käme. Wer weiß, was für eine Plage einmal nach siebzehn Jahren aus dem Boden hervorkriechen mag? Die Regierung des Landes, in dem ich lebe, wurde nicht wie die von Großbritannien während der Unterhaltung nach einem Diner bei einem Glas Wein zusammengezimmert.

Das Leben in uns gleicht dem Wasser im Fluss. Es mag in diesem Jahre höher steigen denn je seit Menschengedenken und das versengte Hochland überfluten. Vielleicht ist gerade dieses Jahr ereignisreich und ersäuft alle Bisamratten. Dort, wo wir wohnen, war nicht immer trockenes Land. Weit im Innern des Landes sehe ich Dämme, die einst der Fluss bespülte, ehe noch die Wissenschaft begann, seine Überschwemmungen aufzuzeichnen. Ein jeder von uns hat die Geschichte gehört, die in Neuengland Alt und Jung sich erzählte, die Geschichte von dem starken und schönen Käfer, der aus der trockenen Platte eines alten Tisches aus Apfelbaumholz hervorkroch. Sechzig Jahre lang hatte der Tisch in der Küche eines Farmers gestanden, erst in Connecticut, hernach in Massachusetts. Das Ei selbst war wohl vor noch viel längerer Zeit in den lebenden Baum gelegt, wie man aus der Zahl der Jahresringe schließen konnte. Wochenlang hörte man das Tier nagen, das vielleicht durch die Wärme eines Teekessels ausgebrütet war. Wer fühlt nicht seinen Glauben an Auferstehung und Unsterblichkeit gekräftigt, wenn er dies hört? Wer weiß, ob nicht der Keim, der vielleicht in den konzentrischen Holzschichten des toten, dürren Gesellschaftslebens jahrtausendelang verborgen lag, der zuerst in den Splint des grünen Waldholzes versenkt und von diesem wie von einem duftenden Grab umschlossen wurde – der Keim, dessen wachsendes Leben die erstaunte Menschenfamilie schon seit Jahren hörte, wenn sie an festlicher Tafel sich versammelte –, wer weiß, ob dieser Keim sich nicht entfalten und unverhofft als ein herrliches, beflügeltes Leben aus dem alltäglichsten Möbel der Menschheit emportauchen wird, um endlich seiner seligen Sommerzeit sich zu freuen … Ich sage nicht, dass John Bull oder Bruder Jonathan das alles verwirklichen wird. Das bloße Verrinnen der Zeit wird dieses Morgen nie erwecken. Das Licht, das unsere Augen blendet, ist Dunkelheit für uns. Nur der Tag dämmert herauf, für den wir wach sind. Noch mehr Tag will heraufdämmern. Die Sonne ist nur ein Morgenstern.

ANMERKUNGEN

[1] Daher sind wir ein hartes Geschlecht, ausdauernd bei der Arbeit, Und für unsere Abkunft liefern wir selbst den Beweis.

[2] Wilberforce, britischer Philanthrop, 1759–1833. Er kämpfte hauptsächlich gegen den Sklavenhandel.

[3] Evelyn, englischer Rechtsgelehrter.

[4] Hafen an der neuenglischen Küste.

[5] Ida Pfeifer, Reisende, 1797–1858. Ihre Reiseberichte haben geringen wissenschaftlichen Wert.

[6] Siehe *Hamlet*, Monolog.

[7] Samuel Laing, englischer Staatsmann und philosophischer Schriftsteller, 1812–1897.

[8] Edward Johnson (1598–1672), *Wonder-working Providence of Sion's Saviour in New England* (1654) [Anm. d. Red.]

[9] »Mayflower« hieß das Schiff, auf welchem die ersten puritanischen Einwanderer aus England nach Massachusetts kamen.

[10] John Howard war ein Reformator des englischen Gefängniswesens, 1726–1790. Die Howard-Assoziation ist ein zu Ehren Howards gestifteter Verein, der für die Verbesserung der Gefängnisse und für die Abschaffung der Todesstrafe wirkte.

[11] William Penn war der Gründer von Pennsylvanien, predigte schon in jüngeren Jahren in Londons Straßen und trat der Sekte der Quäker bei. Nach dem Tod seines Vaters gelangte er in den Besitz großer Geldmittel, ging nach Amerika, wo er am westlichen Ufer des Delaware von 40–43° nördlicher Breite einen Landstrich kaufte und fast unumschränkte Hoheitsrechte dort erhielt. 1663 gründete er Philadelphia, 1664 kehrte er nach England zurück, wo er 1718 auf seinem Landsitz starb.

[12] Elisabeth Fry wurde der »Engel der Gefängnisse« genannt. Sie war die Tochter eines reichen Quäkers in England und bemühte sich einundzwanzig Jahre lang unermüdlich, das Los der Gefangenen zu verbessern.

[13] Saadi, der berühmteste didaktische Dichter Persiens, 1184–1291. Der »Sulistan« (Rosengarten) wurde im Abendland öfter, im Orient weit über hundert Mal gedruckt. Deutsch von Graf, Leipzig 1846, und von Nesselmann, Berlin 1864.

[14] Der 4. Juli ist ein amerikanischer Nationalfeiertag zur Erinnerung an die Unabhängigkeitserklärung der Vereinigten Staaten von England (4. Juli 1776).

[15] *Harivamsa* ist ein spätes indisches Epos, Nachtrag zum *Mahabharata*.

[16] Schlacht bei Concord, 19. April 1775.

[17] Stern erster Größe, der hellste im Sternbild des Stiers, ausgezeichnet durch seine rötliche Farbe.

[18] *A penny for your thoughts* = einen Pfennig für Deine Gedanken, ist eine Phrase, mit welcher man häufig Leute anspricht, die ein nachdenkliches Gesicht machen.

[19] Ein Klafter = 6 englische Fuß.

[20] Hanno machte ungefähr 460 v. Chr. eine große Seeexpedition von Karthago aus über die Säulen des Herkules an die Westküste Afrikas.

[21] Zwei Molukkeninseln im malaiischen Archipel.

[22] Blaue Grasmücke, *Motacilla sialis*.

[23] Eine Komposite, *Cichorium intybus*.

[24] Jean François Champollion, ein französischer Gelehrter, Begründer der Ägyptologie, 1790–1832. Im Jahre 1831 wurde für ihn ein Lehrstuhl der Ägyptologie am Collège de France eingerichtet.

[25] Ovid, *Metamorphosen*, Fabula I, Vers 57–58.

[26] Ovid, *Metamorphosen*, Fabula II, Vers 7–10.

[27] Ovid, *Metamorphosen*, Fabula III: *Aurea actas.* Vers 1–8; 19–20.

[28] Siehe 1. Korinth. XV, 55.

[29] *Pavia lutea* ist der weißblühenden Rosskastanie ähnlich.

[30] Der Hackebord oder Hackbord ist der meistens mit Bildhauerarbeit versehene oberste Teil am »Spiegel« eines Schiffes.

[31] Sir John Franklin, englischer Seefahrer, 1786–1847.

[32] Grinnel, eifriger Förderer arktischer Forschungen, 1798–1874.

[33] Mungo Park, Afrikareisender, 1771–1806. Levis und Clark, Amerikareisende. Sir Martin Frobisher, berühmter englischer Seefahrer, gestorben 1594.

[34] John Symmes, war ein amerikanischer Krieger und Schriftsteller, 1780–1829. Er hielt das Innere der Erde für bewohnt und glaubte, es existiere etwa 82° nördlicher Breite eine Öffnung in der Erdrinde. Seiner Ansicht nach gab es im Erdinnern Pflanzen und animalisches Leben. 1822 und 1823 petitionierte er an den Kongress für eine Expedition, um seine Theorie zu beweisen.

[35] Daniel Webster, amerikanischer Staatsmann, 1782–1854. Er schloss mit dem britischen Gesandten Lord Ashburton der Vertrag zur Regulierung der Grenze, zur Unterdrückung des Sklavenhandels und zur Auslieferung der Verbrecher.

[36] Ein waghalsiger, besonders in Neuengland beliebter Sport.

[37] Anspielung auf abergläubische Vorstellungen unter den Farmern Neuenglands.